# MOBILEMEN
# 移动狂人：
## 世界知名品牌移动营销案例解密
MOBILE MARKETING CASES STUDY OF FAMOUS BRANDS

施 州 著

中国建筑工业出版社
China Architecture & Building Press

图书在版编目（CIP）数据

移动狂人：世界知名品牌移动营销案例解密／施州著．
北京：中国建筑工业出版社，2015.7
　ISBN 978-7-112-18068-4

Ⅰ．①移… Ⅱ．①施… Ⅲ．①网络营销-研究　Ⅳ．
①F713.36

中国版本图书馆CIP数据核字（2015）第084395号

责任编辑：李成成
责任校对：李美娜　陈晶晶

### 移动狂人：
### 世界知名品牌移动营销案例解密
施　州　著
\*

中国建筑工业出版社出版、发行（北京西郊百万庄）
各地新华书店、建筑书店经销
北京美光设计制版有限公司制版
北京顺诚彩色印刷有限公司印刷
\*

开本：787×1092毫米　1/16　印张：10 1/4　字数：300千字
2015年8月第一版　2015年8月第一次印刷
定价：59.00元
ISBN 978-7-112-18068-4
(27285)

版权所有　翻印必究
如有印装质量问题，可寄本社退换
（邮政编码　100037）

献给吾儿和他的未来!

# 前言 | Preface

## 一、问题的提出

最近几年，我每天都会收到许多短信，大意是让我去参加一个"移动营销"大师培训班，由某专家倾情授课，"机会难得，报名从速"。我已经习惯于每天收到十条以上类似的广告电话和短信，劝我去买楼盘、做理财、参加高尔夫培训班和亲子活动。对于这类广告的电话或短信，我几乎都是直接挂断或不理会。有个问题一直萦绕在我脑海：手机是一个合适的广告和营销平台吗？

与此同时，移动互联网时代已经到来。除手机外，平板电脑，可穿戴等移动终端设备只要连接上网，就成了虚拟世界与现实世界的连接通道。每个人借由移动互联网和移动设备来工作、学习、社交、娱乐。"物联网"、"云计算"、"大数据"等一系列新概念喷涌而出，描绘出一幅未来人类生活的美好图景。

在商业领域，"移动互联网"、"移动营销"、"移动广告"的概念更是被炒得沸沸扬扬。移动广告公司的身价节节攀升，企业主纷纷转投移动广告平台，梦想着绕开传统媒体的准入门槛，以小搏大。老牌广告公司忙着兼并移动广告公司，希望留住老客户，吸引新客户。新近创业型公司一开始就把自己定位成移动营销公司或数字营销公司。大企业、大品牌商们希望在移动互联网上延续传统媒体时代的优势，小企业、小品牌商们希望抓住移动互联网时代的机遇，在商业战争中一鸣惊人。研究者们纷纷看好移动互联网、移动营销及广告市场，对营销理论进行解构和重构。相关专业的学生们也开始犹豫："究竟是去老牌4A公司，还是去数字、新媒体公司？"

人人都在谈论移动互联网、移动营销、移动广告，人人都不甘落后。但是，许多人依然延续着传统媒体的思维方式，他们简单地把移动设备当作广告投放的新渠道，把移动营销等同于短信、微信广告，把移动营销等同于大数据营销。

移动互联网时代，营销主、代理公司、消费者之间的关系，因移动设备的特殊性，需要我们重新想象。移动营销没那么简单。

我们该如何界定移动营销？
移动营销有哪些特点？
技术对于移动营销意味着什么？
如何运用新技术在移动营销中提供良好的体验？
渠道对于移动营销意味着什么？
如何运用新渠道来做好移动营销？
消费者与移动设备的特殊关系，又会对移动营销带来怎样的问题？
移动营销该怎么做？
怎么做好移动营销？

这些问题就是我创作此书的原因。移动互联网和移动营销是鲜活的，面向未来的，不确定的，它打开了营销人、广告人的想象力，营销从未有过如此大的想象空间。移动互联网和各类移动设备技术打通了线上线下媒体的隔阂，打通了现实世界和虚拟世界的隔阂，打通了传统媒体和新兴媒体的隔阂。移动设备与所有技术、渠道、媒介发生关联，成为营销的中心。这其中出现了新的问题和挑战。

对移动营销的探索，才刚刚开始。

## 二、主要研究方法

### 1. 案例研究法

本书的主要方法是案例研究法。如果对新的现象了解很少，或是现有的理论又无法覆盖到的情况下，案例研究是一种研究新事物的好方法[1]。案例研究的目的是要获得对现象的理解和详细的描述[2]。移动营销就是这样一种现象。

### 2. 案例的来源及构成

本书案例的时间跨度为 2011 年 1 月～2014 年 8 月，案例来自笔者长期关注的有关移动营销的文献和网站[3]。笔者初期收集案例 370 余个，最后筛选出 130 余个用在书中。为了让案例具有代表性和研究价值，案例的筛选有以下几个标准：

大企业约占 80%，小企业约占 20%。营销主（广告主）既有世界知名企业，如苹果、谷歌、麦当劳、可口可乐、大众、耐克、三星等[4]，也有不少来自全世界各地的个性品牌。

知名传播公司约占 70%，新型传播公司约占 30%。这些案例的代理方（创作者）既有世界知名 4A 公司，如奥美、麦肯、智威汤逊、DDB、BBDO、电通、扬罗必凯、TBWA 等，也有不少新的数字营销公司、创意热店和艺术院校。

案例几乎涵盖了大多数行业的企业和品牌，商业案例和公益案例的数量比例为 4:1。国外案例和国内案例的数量比例为 4:1。

笔者优先选择曾获世界广告或创意节（如戛纳、纽约、艾菲等）奖项的案例。

### 3. 案例研究过程

第一步：笔者对所有案例进行阅读和理解，找出其核心的技术、渠道和创新点，形成大致的类别属性。

第二步：笔者再次阅读案例并进行简单描述，将案例文本用"营销主"、"代理方（广告公司、营销公司）"、"挑战（主要问题及营销目的）"、"创意（简述案例的主要创新点）"、"执行（对该案例的具体细节的描述）"、"效果（该营销的效果数据）"的关键属性加以提炼。

第三步：笔者从案例中得到启发，阐述自己的观点，并形成章节体系（十章）。

---

[1] Eisenhardt, K. M., Building Theories from Case Study Research [J]. Academy of Management Review, 1989, 14(4): 532-550
[2] Eisenhardt, K. M., & Graebner, M. E. Theory Building from Cases [J]. Academy of Management Journal, 2007, 50(1): 25-32
[3] 关于移动营销的书籍、期刊、网站的清单，请详见本书"参考文献"。
[4] 关于本书所涉及的企业和品牌的清单，请详见本书"全书案例索引"。

第四步：笔者将所有案例进行重新排序，分别安排到不同章节中，用以支持笔者的观点。

## 三、研究框架及各章简介

本研究主要包括导论、移动营销专题研究（10章）、结论。

为了让本书兼具理论与实务性，导论和结论偏理论；移动营销专题研究部分偏实务。

导论：主要阐述移动互联网的概念，对"移动营销"的概念进行界定，简述其特点，并将技术和渠道作为界定移动营销类别的主要因素。

议题部分：以不同的技术和不同的渠道为标准，划分出10个移动营销专题，分别为：

第一章：二维码与移动营销
第二章：定位服务与移动营销
第三章：近场通信技术与移动营销
第四章：移动信号与移动营销
第五章：增强现实技术与移动营销
第六章：触屏及重力感应技术与移动营销
第七章：拓展机器感官与移动营销
第八章：跨屏互动营销
第九章：基于移动社交平台的营销
第十章：品牌APP与移动营销

结论：移动营销的本质，移动营销的四个成功要素，做好移动营销的六个原则，移动营销的两种进化，移动营销的两种思考视角，移动营销的批判精神。

本研究既是对移动营销现状的一次梳理，也是对移动营销未来趋势的一次探索。

## 四、如何阅读本书

本书为读者提供了多种阅读方式。你既可以按照顺序阅读，亦可按照临时需求进行碎片化阅读。随时随地找方法、找案例、找素材、找灵感！

### 1. 边读边学边练

除导论和结论部分外，十个移动营销专题研究包括：
本书对关键概念的阐述，如对某项技术的理解（解决是什么的问题）；
本书阐述"这类移动营销怎么做"的观点（解决怎么做的问题）；
每章最后对该议题进行总结，并重复主要观点，便于读者梳理观点；
每章最后设计了创意训练题，拓展读者的想象空间。

### 2. 查案例找灵感

本书收集了国内外130余个移动营销案例，这些案例具有前沿性、实验性、独创性和趣味性，为了方便读者进行快速查询和后续研究：

行文中的主要案例以 模块化 的形式出现；

行文有意区分了案例的事实和笔者的观点；

案例索引为读者进行后续研究和参考提供了便利。

### 3. 拓展阅读和研究

全书案例索引 涵盖了书中单独罗列出的案例介绍（相关企业、品牌、团体、机构等案例的版权所有者），其中包含了相关企业、广告公司、营销公司的网站。读者可以根据自己的兴趣爱好进行拓展研究。

图片来源 涵盖了书中所有图片的出处，主要说明了其创作者（代理方或制作公司），作品版权所有者（营销主、广告主），和图片来源的网站。读者可以配合"全书案例索引"部分对照查阅。

参考文献 包括参考书目、参考文章、参考期刊和参考网络资源，它们是有关传播、营销、广告、创意方面的议题，感兴趣的读者可将此部分作为拓展阅读的起点。

## 五、谁需要这本书

### 1. 作为移动营销实务的参考

本书适合市场营销公司、广告公司、咨询公司、新媒体类公司的决策者、策划人、创意者、设计师等人群阅读使用，是找灵感，提高工作效率的伴侣。

### 2. 作为移动营销研究的起点

本书适合高校广告学、市场营销学、新闻传播学、数字媒体艺术、文化创意产业等学科的老师、学生和研究者们使用，是找素材、找案例的案头书。

移动营销是互动的、提供独特体验的。本书的设计也希望让纸质书变得更具互动性，为你提供独特的体验。

**所有一切都为了带给您最好的阅读体验！** 不论是形式还是内容，本书希望给您带来一些启发，也希望我们的生活因创意而更美妙！

# 目录 Contents

前言

案例索引

## 导论　理解移动营销

一、理解移动互联网　2
  1. 传统互联网的补足与延伸　2
  2. 移动通信技术　3
  3. 移动智能终端设备　3
  4. 移动互联网应用　4
  5. 移动互联网重构人类生态系统　6

二、什么是移动营销　6
  1. 移动营销的定义　6
  2. 移动营销的特点　7

三、技术与移动营销　8
  1. 模拟人类感官的技术　8
  2. 信息传输类技术　10

四、渠道与移动营销　10
  1. 移动广告平台　10
  2. 整合营销平台　11
  3. 原生营销平台　11

五、总结：不断延伸的移动营销　12

## 第一章　二维码与移动营销：从一见钟情到日久生情

一、二维码与移动营销　14
  1. 什么是二维码　14
  2. 二维码的特点　14
  3. 基于二维码的营销　15

二、呈现方式吸引眼球　15
  1. 平面构成与二维码　15
  2. 品牌形象与二维码　16
  3. 多重材质的二维码　16
  4. 行为艺术二维码营销　17
  5. 装置艺术二维码营销　18

|  |  |
|---|---|
| 三、二维码背后的内容营销 | 19 |
| 　1. 视觉错位变魔术 | 19 |
| 　2. 在环境里讲故事 | 20 |
| 　3. 揭示广告背后的悬念 | 21 |
| 四、总结：从一见钟情到日久生情 | 24 |

## 第二章　定位服务与移动营销：虚实游戏

|  |  |
|---|---|
| 一、定位服务与移动营销 | 26 |
| 　1. GPS 与定位服务（LBS） | 26 |
| 　2. 定位服务的主要应用 | 26 |
| 　3. 基于定位服务的移动营销 | 27 |
| 二、消费者短期参与的游戏 | 27 |
| 　1. 简单签到式游戏 | 27 |
| 　2. 定向寻宝式游戏 | 28 |
| 　3. 大富翁式游戏 | 29 |
| 三、为人们提供长期服务 | 30 |
| 　1. 导游与导览 | 31 |
| 　2. 健身运动教练 | 32 |
| 　3. 人际间协作 | 32 |
| 四、总结：虚实结合、长效服务 | 34 |

## 第三章　近场通信技术与移动营销：机有灵犀

|  |  |
|---|---|
| 一、近场通信技术与移动营销 | 36 |
| 　1. 广义上的近场通信技术 | 36 |
| 　2. 狭义上的近场通信技术 | 36 |
| 　3. 近场通信的三种应用模式 | 37 |
| 　4. 物联网与移动营销 | 37 |
| 二、基于近场通信技术的移动营销 | 37 |
| 　1. 适时适地推送 | 37 |
| 　2. 互动户外广告 | 38 |
| 　3. 现场讲故事 | 40 |
| 　4. 简单参与主动扩散 | 41 |
| 　5. 营销即产品 | 41 |
| 三、总结：近场通信，机有灵犀 | 44 |

## 第四章　移动信号与移动营销：墙角的媒体

|  |  |
|---|---|
| 一、移动信号与移动营销 | 46 |
| 　1. 移动信号与运营商 | 46 |

　　　　2. 移动信号的两种网络系统　　　　　　　　46
　　　　3. 营销边角料还是新战场　　　　　　　　　47
　　二、移动信号即媒体　　　　　　　　　　　　　47
　　　　1. 信号名称即媒体　　　　　　　　　　　　47
　　　　2. SIM 卡即媒体　　　　　　　　　　　　　47
　　　　3. Wi-Fi 信号即媒体　　　　　　　　　　　48
　　三、基于 Wi-Fi 信号的营销　　　　　　　　　　49
　　　　1. 信号自身承载信息　　　　　　　　　　　49
　　　　2. 信号出现一鸣惊人　　　　　　　　　　　49
　　　　3. 信号解密引起关注　　　　　　　　　　　50
　　　　4. 信号免费交换利益　　　　　　　　　　　51
　　　　5. 叫卖 Wi-Fi 的平面广告　　　　　　　　 53
　　四、总结：移动营销不容忽视的"微"媒体　　　54

## 第五章　增强现实技术与移动营销：增强视觉体验

　　一、增强现实技术与营销　　　　　　　　　　　56
　　　　1. 什么是增强现实技术　　　　　　　　　　56
　　　　2. 增强现实技术的应用领域　　　　　　　　56
　　　　3. 基于增强现实技术的营销　　　　　　　　56
　　二、减少产品认知的不确定性　　　　　　　　　57
　　　　1. 虚拟试穿戴　　　　　　　　　　　　　　57
　　　　2. 虚拟空间展示　　　　　　　　　　　　　59
　　　　3. 所见即所得　　　　　　　　　　　　　　60
　　三、推供产品附加价值　　　　　　　　　　　　61
　　　　1. 讲述产品故事　　　　　　　　　　　　　61
　　　　2. 提供附加服务　　　　　　　　　　　　　61
　　　　3. 寓"售"于乐　　　　　　　　　　　　　62
　　四、总结：增强营销中的视觉体验　　　　　　　65

## 第六章　触屏及重力感应技术与移动营销：人机交互体验

　　一、触屏技术与营销　　　　　　　　　　　　　68
　　　　1. 人类的触感认知　　　　　　　　　　　　68
　　　　2. 触屏技术与人机交互　　　　　　　　　　68
　　　　3. 基于触屏技术的营销　　　　　　　　　　68
　　二、触屏交互式营销　　　　　　　　　　　　　68
　　　　1. 利用触屏习惯　　　　　　　　　　　　　69
　　　　2. 制造触屏意外　　　　　　　　　　　　　69
　　　　3. 指尖互动游戏　　　　　　　　　　　　　71
　　　　4. 模拟生活经验　　　　　　　　　　　　　72

        5. 改善触屏体验     73

    三、重力感应技术与营销     74

        1. 基于重力感应技术的营销     74

        2. 摇摆互动体验     74

        3. 平衡互动体验     75

    四、总结：增强营销中的人机交互体验     78

## 第七章     拓展机器感官与移动营销：体验人性

    一、机器感官与营销     80

        1. 机器模拟人类感官     80

        2. 人机互动偏重视觉触觉     80

        3. 拓展机器的其他感官     80

    二、声音识别技术与移动营销     80

        1. 什么是声音识别技术     80

        2. 声音是通关密语     81

        3. 基于声音识别技术的移动营销     81

    三、数字化嗅觉味觉与移动营销     83

        1. 嗅觉味觉的数字化     83

        2. 拓展手机的嗅觉味觉     84

        3. 基于数字化嗅觉味觉的移动营销     84

    四、手机外设拓展机器感官     85

        1. 什么是手机外设     85

        2. 拓展机器感官的外设     86

        3. 基于手机外设的移动营销     86

    五、总结：拓展感官，体验人性     88

## 第八章     跨屏互动营销：连接的力量

    一、传统媒体与移动营销     90

        1. 传统媒体集体触网     90

        2. 移动设备串联不同媒体     90

        3. 以移动设备为中心的营销     90

    二、基于移动设备的互动营销     91

        1. 移动设备与纸媒互动     91

        2. 移动设备与电视电脑屏互动     92

        3. 移动设备与户外媒体互动     95

        4. 移动设备与影剧院互动     96

        5. 移动设备之间的互动     97

    三、总结：跨屏互动形成合力     98

## 第九章　基于移动社交平台的营销：借势而为

- 一、移动社交平台与营销　100
  - 1. 什么是移动社交平台　100
  - 2. 移动社交平台的主要应用　100
  - 3. 移动社交平台的营销特点　101
- 二、基于移动社交平台的营销　101
  - 1. 个性化推送　101
  - 2. 熟人圈合作　102
  - 3. 自媒体发布　103
  - 4. 众筹思维　105
- 三、总结：移动社交需借势而为　108

## 第十章　品牌 APP 与移动营销：营销即产品

- 一、品牌 APP 与移动营销　110
  - 1. 移动 APP 是互联网的入口　110
  - 2. 什么是品牌 APP　110
  - 3. 品牌 APP 的趋势　111
- 二、基于品牌 APP 的移动营销　111
  - 1. 占据生活起居关键点　112
  - 2. 创造产品使用契机　114
  - 3. 提供产品附加服务　115
- 三、做一款具有竞争力的 APP　117
  - 1. 从消费者需求着手　117
  - 2. 从产品到整套解决方案　117
  - 3. 从短期营销到长期服务　117
- 四、品牌 APP 与整合营销　118
  - 1. APP 成为整合营销的中心点　118
  - 2. APP 成为话题营销的引爆点　119
- 五、总结：品牌 APP，从营销工具到新产品新服务　121

## 结论　移动营销，一种传播技巧与传播智慧

- 一、移动营销的四个成功要素　124
  - 1. 对的时间，对的地点　124
  - 2. 对的媒介　124
  - 3. 吸引注意　125
  - 4. 提供利益　125

## 二、做好移动营销的六个原则 … 126
1. 关联原则 … 126
2. 互动原则 … 126
3. 娱乐原则 … 126
4. 众筹原则 … 126
5. 公益原则 … 127
6. 简单原则 … 127

## 三、移动营销的两种进化 … 127
1. 营销即产品 … 127
2. 营销即服务 … 127

## 四、移动营销的两种思考视角 … 128
1. 以人的视角 … 128
2. 以媒介技术的视角 … 129

## 五、最后来点批判精神 … 130
1. 隐私和安全问题 … 130
2. 公共领域与私人领域的混淆 … 131

## 六、结束语 … 131

---

# 后记 … 132
# 图片来源 … 133
# 参考文献 … 136
# 致谢 … 144

# 案例索引
# Cases Index

涵盖了书中单独罗列出的案例介绍（相关企业、品牌、团体、机构等案例的版权所有者），不包括一些简单的案例。读者可以配合"图片来源"部分对照全书查阅。

| 营销主（广告主，品牌名） | 代理方（制作公司） | 案例名称（主题） | 来源（营销主＋代理方） | 图片 | 页码 |
|---|---|---|---|---|---|
| 第一章　二维码与移动营销 | | | | | |
| 观澜湖集团 | 观澜湖集团 | 高尔夫球场二维码广告 | missionhillschina.com | 1-11 | 17 |
| 奥迪 | 奥迪（日本） | 百年大庆二维码广告 | www.audi.co.jp | 1-12 | 18 |
| 奔驰 | Jung von Matt | QR战利品（QR-Trophy） | www.mercedes-benz.com<br>www.jvm.com | 1-14 | 18 |
| 易买得（Emart） | Cheil（首尔） | 二维码正午时光（Emart Sunny Sale Campaign） | www.e-mart.com<br>www.cheil.com | 1-15 | 19 |
| 凌仕（AXE） | DDB Latina | 凌仕偷窥实验（Axe People Experiment） | www.ddb.com/pr | 1-18 | 20 |
| 大众（Volkswagen） | DDB（墨西哥） | 大众Crafter二维码广告 | www.vw.com.mx<br>www.ddb.com | 1-19 | 21 |
| 维多利亚的秘密（Victory Secret） | Miami Ad School（迈阿密广告学院） | 揭开Lily的秘密（Reveal Lily's Secret） | www.victoriassecret.com<br>www.miamiadschool.com | 1-20 | 21 |
| Wonderbra | Digitas（巴黎） | 内衣二维码解密（Want to know my secret） | www.wonderbra.com | 1-21 | 22 |
| 沃达丰（Vodafone） | McCann Erickson（麦肯光明） | 虚拟书店（Station QR Code Library And Florist） | www.vodafone.com<br>www.mccann.ro | 1-22 | 22 |
| Home Plus | Home Plus | 二维码虚拟超市（Subway virtual store） | www.homeplus.co.kr | 1-23 | 23 |
| 第二章　定位服务与移动营销 | | | | | |
| 纽约教育局（New York City Department of Education） | Droga5's | 百万学生赠手机（Million Phones for New York City Education） | schools.nyc.gov<br>droga5.com | 2-1 | 28 |
| Granata Pet（猫粮狗粮品牌） | McCann Erickson（德国） | 签到即送狗粮猫粮 | www.granatapet.de<br>www.mccann.de | 2-2 | 28 |
| Mini Cooper | Jung von Matt（斯德哥尔摩） | 虚拟抢车（MINI Getaway Stockholm） | www.mini.se<br>www.jungvonmatt.se | 2-3 | 28 |
| 纽巴伦（New Balance） | Geometry Global（美国） | 抢警棍活动（Urban Dash） | www.newbalance.com<br>www.geometry.com<br>itunes.apple.com | 2-4 | 29 |
| 孩子宝（Hasbro）英国 | OMD（伦敦） | 现实版的大富翁游戏（Monoploy Here & Now） | www.hasbro.com/monopoly<br>www.omd.com/uk | 2-5 | 29 |

续表

| 营销主（广告主，品牌名） | 代理方（制作公司） | 案例名称（主题） | 来源（营销主+代理方） | 图片 | 页码 |
|---|---|---|---|---|---|
| 奥迪（西班牙） | Proximity Barcelona | 奥迪西班牙导游APP（Audi Geo Positioned Stories） | www.audi.es www.proximitybarcelona.es | 2-6 | 31 |
| 伦敦博物馆（The Museum of London） | Brothers and Sisters（伦敦） | 伦敦街头虚拟博物馆APP | www.museumoflondon.org.uk www.brothersandsisters.co.uk | 2-7 | 31 |
| 彪马（PUMA） | 李奥贝纳（东京） | 发现非计数式慢跑的乐趣（PUMA RUN NAVI APP） | www.puma.jp www.leoburnett.com | 2-8 | 32 |
| 可口可乐（罗马尼亚） | MRM Worldwide, McCann（罗马尼亚） | 助人雷达 Radar For Good APP | coca-cola.ro mrm-mccann.com | 2-9 | 32 |
| | | 第三章　近场通信技术与移动营销 | | | |
| 好乐门（Hellmann） | Cubo CC | 好乐门蛋黄酱推送菜谱（Hellmann's Recipe Cart） | www.hellmanns.com www.cubo.cc | 3-1 | 38 |
| 可口可乐（Coca-cola） | Gefen Team | 自定义广告牌 | www.coca-cola.com www.gteam.org | 3-2 | 38 |
| 三星（Samsung） | Cheil（加拿大） | 海报互动传歌（S beam） | www.samsung.com www.cheil.com | 3-3 | 39 |
| 纽约公共图书馆 | Miami Ad School（迈阿密广告学院） | 纽约地下图书馆（Underground library） | theundergroundlibrary.org www.miamiadschool.com | 3-4 | 39 |
| 哈雷（Harley-Davidson） | 扬罗比凯（Y&R） | 哈雷摩托车红外线广告 | www.harley-davidson.com www.yr.com | 3-5 | 40 |
| 麦当劳（McDonald's） | DDB（新加坡） | 快乐餐桌（McParty Run） | www.mcdonalds.com.sg www.ddb.com.sg | 3-6 | 40 |
| 香港联合国儿童基金会（Unicef） | Cheil（香港） | 公益智能贴纸捐款（NFC Charity Stickers） | www.unicef.org www.cheil.com | 3-7 | 41 |
| 宝洁（P&G）旗下品牌 Hipoglós | Africa（巴西） | Hipoglós 智能尿布 | www.hipoglos.com.br www.africa.com.br | 3-8 | 41 |
| 欧宝（Opel） | LDV United, Antwerp（比利时） | 婴儿车内提醒装置（Opel Gabriel） | opelgabriel.com www.ldv.be | 3-9 | 42 |
| 宜家（IKEA） | Forsman & Bodenfors（瑞典哥德堡） | 宜家虚拟干杯（SKAL APP） | www.ikea.com www.fb.se | 3-10 | 42 |
| 妮维雅（NIVEA） | FCB（巴西） | 妮维雅孩童保护手带（Sticknfind iBeacons at the beach） | www.nivea.com fcb.com | 3-11 | 42 |
| | | 第四章　移动信号与移动营销 | | | |
| Movistar（秘鲁电信公司） | Cine70 Films, Y&R Lima | 运营商 Movistar 更换信号名称 Peru | www.movistar.com.pe cine70.com yrperu.com | 4-1 | 47 |
| Smart（菲律宾电信公司） | Smart（菲律宾电信公司） | Sim 卡教材（Smart Textbooks） | smart.com.ph seeourentry.com/txtbks | 4-2 | 48 |
| Melbourne Writers Festival（墨尔本小说节） | JWT 智威汤逊 | 墨尔本小说节 Wi-Fi 小说（Wi-Fiction campaign） | www.mwf.com.au www.jwt.com/melbourne | 4-3 | 49 |

续表

| 营销主（广告主，品牌名） | 代理方（制作公司） | 案例名称（主题） | 来源（营销主＋代理方） | 图片 | 页码 |
|---|---|---|---|---|---|
| DTAC（泰国电信公司） | TBWA（曼谷） | 狗身着 Wi-Fi 信号 | tbwathailand.com<br>www.dtac.co.th | 4-4 | 50 |
| 易买得（Emart） | Cheil（首尔） | 气球 Wi-Fi 信号 | www.e-mart.com<br>www.cheil.com | 4-5 | 50 |
| 孩子宝 Scrabble 游戏 | 奥美巴黎（Ogilvy Paris） | 猜字谜解 Wi-Fi 密码 | www.hasbro.com/scrabble<br>ogilvyparis.fr | 4-6 | 50 |
| MWEB（南非电子商务网站） | Saatchi & Saatchi（南非） | 南非 Wi-Fi 加密公益广告 | www.mweb.co.za<br>www.saatchi.co.za | 4-7 | 51 |
| 可口可乐（巴西） | 奥美（巴西） | 可口可乐流量机 | www.cocacolabrasil.com.br<br>www.ogilvy.com.br | 4-8 | 51 |
| 韩国 CJ 娱乐 | Cheil（首尔） | Wi-Fi 海报 | cj-entertainment.com<br>www.cheil.com | 4-9 | 52 |
| Terra 网站 | DDB Mexico, The Maestros | 狗便换 Wi-Fi（Terra's Poo WiFi） | www.terra.com<br>ddbmexico.com<br>themaestros.tv | 4-10 | 52 |
| 布里斯班市议会 | GPY&R | 布里斯班阴影下的影院（Shade Cinema） | www.shadecinema.com.au<br>www.gpyr.com.au | 4-11 | 53 |
| | | **第五章　增强现实技术与移动营销** | | | |
| 资生堂 Shiseido | 电通（日本） | 资生堂试妆魔镜（Shiseido unveils virtual make-up simulator mirror） | www.shiseido.co.jp<br>www.dentsu.co.jp | 5-1 | 57 |
| 俪诗朵 Lucido-L | 电通（日本） | 俪诗朵试发型 APP | www.lucido-l.jp<br>www.dentsu.co.jp | 5-2 | 58 |
| 匡威 Converse | R/GA（纽约）Tacit Knowledge | 匡威试鞋 APP（Converse Try on Shoe APP） | www.converse.com<br>www.rga.com<br>www.tacitknowledge.com<br>itunes.apple.com | 5-3 | 58 |
| 蒂芙尼 tiffany | 蒂芙尼 tiffany | 蒂芙尼订婚钻戒顾问 APP（Engagement Ring Finder APP） | www.tiffany.com<br>itunes.apple.com | 5-4 | 59 |
| 宜家 Ikea | Mobile Dreams Factory | 宜家虚拟产品目录 APP（IKEA Catalog APP） | www.ikea.com<br>itunes.apple.com<br>mobiledreamsfactory.com | 5-5 | 59 |
| 肯德基 KFC（印度） | Blink Solution | 钞票变食物（KFC India Scan Your Money Wow25 AR APP） | www.kfc.com<br>blinksolution.com | 5-6 | 60 |
| 麦当劳 McDonald's（澳大利亚） | DDB（悉尼） | 跟踪我的麦当劳 Track My Macca's | www.ddb.com.au<br>trackmymaccas.com/trackmymac_fb | 5-7 | 61 |
| 强生 Johnson & Johnson 创可贴 Band-Aid | JWT（纽约） | 神奇创可贴（Band-Aid Magic Vision） | www.band-aid.com/magic-vision<br>www.jwt.com/en/newyork | 5-8 | 61 |
| 哈根达斯 Häagen-Dazs | Goodby, Silverstein & Partners | 音乐会时间 APP（Concerto Timer） | www.haagendazs.us<br>itunes.apple.com<br>goodbysilverstein.com | 5-9 | 62 |

续表

| 营销主（广告主，品牌名） | 代理方（制作公司） | 案例名称（主题） | 来源（营销主+代理方） | 图片 | 页码 |
|---|---|---|---|---|---|
| 《变形金刚3》电影 | 派拉蒙电影公司 Paramount Pictures | 变形金刚游戏海报（Transformers 3 AR APP） | www.paramount.com/movies/transformers-dark-moon www.tf3ar.com | 5-10 | 63 |
| 麦当劳 McDonald's | DDB（芝加哥）Trigger | 玩转世界杯薯条盒 | gol.mcd.com ddbnorthamerica.com www.triggerglobal.com | 5-11 | 63 |
| LZG（德国健康信息中心） | 奥美（德国） | 教儿童刷牙APP（Tooth Brush APP） | www.lzg.nrw.de www.ogilvy.com itunes.apple.com | 5-12 | 64 |
| 第六章 触屏及重力感应技术与移动营销 ||||||
| 大赦国际 Amnesty International | Garbergs（斯德哥尔摩） | 解锁解禁 Slide to unlock | www.amnesty.se garbergs.se | 6-1 | 69 |
| Audi 杂志（巴西） | Almap BBDO | 解锁赛道（Audi Magazine Slide Track） | www.audi.com.br www.almapbbdo.com.br | 6-2 | 69 |
| 日产汽车 Nissan | TBWA/G1（巴黎）Dan Paris | 自愈划痕互动广告（Scratch Shield Paint iPad AD） | www.370zcoupe.com/nissan-scratch-guard-paint.html www.tbwa-france.com www.danparis.com | 6-3 | 70 |
| Bradesco（巴西一家保险公司） | Almap BBDO | 保险公司互动广告（Unexpected events happen without warning） | www.bradesco.com.br www.almapbbdo.com.br | 6-4 | 70 |
| 标致汽车 PEUGEOT | Y&R | 开车请勿发短信公益互动广告 | www.peugeot.com www.yr.com | 6-5 | 70 |
| Vogue | Plan Net Global | 国际消除对妇女暴力日公益互动广告（Violence Against Women） | www.vogue.com www.planglobal.net | 6-6 | 71 |
| Juice（马来西亚癌症控制中心） | 麦肯（马来西亚） | 癌症控制中心互动广告 | mccann.com | 6-7 | 71 |
| 大赦国际 Amnesty International | La Chose（巴黎） | 挡子弹游戏（Bullet Proof） | bulletproof.amnesty.fr/en.html www.lachose.fr | 6-8 | 72 |
| Burberry（博柏利） | Grow, Google's Art | 虚拟之吻 Burberry Kisses | www.thisisgrow.com/work/art-copy-code-burberry-kisses | 6-9 | 72 |
| WWF（世界自然基金会中国区） | Ogilvy One（北京） | 蓝天自造（Blue Sky） | www.ogilvy.com.cn itunes.apple.com | 6-10 | 73 |
| 宜家 Ikea（奥斯陆） | SMFB（奥斯陆） | 宜家"IKEA BERÖRA"触屏手套 | www.ikea.com/ms/de_CH/media/FY13/BERORA/de.html www.smfb.com | 6-11 | 74 |
| Villa Forma GYM（巴西的一家健身俱乐部） | Propeg（巴西） | 健身俱乐部 iPad 互动广告 | www.propeg.com.br | 6-12 | 75 |

续表

| 营销主（广告主，品牌名） | 代理方（制作公司） | 案例名称（主题） | 来源（营销主+代理方） | 图片 | 页码 |
|---|---|---|---|---|---|
| 赛百味（Subway） | Rái（圣保罗） | 赛百味 iPad 互动广告 | www.subway.com<br>www.rai.com.br/site/ | 6-13 | 75 |
| Liberte Blueberries（蓝莓酸奶品牌） | Marketel McCann-Erickson | 酸奶重力加速度互动广告 | liberteyogurt.com<br>www.marketel.com/en/home | 6-14 | 76 |
| 联合国儿童基金会（UNICEF）Tap Project 项目 | Droga5 | 自来水计划互动公益广告（Tap Project） | tap.unicefusa.org<br>droga5.com/work/tap-facebook/ | 6-15 | 76 |
| 阿迪达斯 | 亿动传媒 | 缓震跑鞋互动广告 | www.adidas.com<br>www.madhouse.cn | 6-16 | 76 |
| **第七章　拓展机器感官与移动营销** | | | | | |
| 可口可乐（香港） | 麦肯（香港） | 可口可乐"CHOK奖"互动广告 | coca-cola.hk<br>mccann.com | 7-1 | 81 |
| 杜蕾斯 Durex | VML IM2.0 互动营销（北京） | 爱的声音 APP（Voice of Love APP） | www.vmlim20.com.cn | 7-2 | 82 |
| 美国连锁影院 Cinemark（喜满客影城） | Cinemark USA | 手机静音奖励活动（Cinemode APP） | www.cinemark.com/mobile-apps-cinemode<br>itunes.apple.com | 7-3 | 83 |
| PopSecret（爆米花产品公司） | Deeplocal | 爆米花手机外设营销（Poptopia） | www.popsecret.com<br>www.deeplocal.com | 7-7 | 85 |
| Oscar Mayer（肉食品公司） | Kraft New Services | Oscar Mayer 培根味唤醒器（Oscar Mayer Wake Up & Smell the Bacon） | www.kraftrecipes.com<br>www.oscarmayer.com<br>itunes.apple.com | 7-8 | 85 |
| NarMobile（阿塞拜疆的一家电信公司） | Y&R（莫斯科） | 公益献电手环（Donor cable） | www.narmobile.az/en<br>about.lifesavingcable.com | 7-12 | 86 |
| **第八章　跨屏互动营销** | | | | | |
| 《东京新闻报》Tokyo Shimbun | 电通（日本） | 《东京新闻报》增强现实技术（AR Reader App For Kids） | www.tokyo-np.co.jp<br>www.dentsu.com | 8-1 | 91 |
| 重庆时报 | 重庆时报 | 随手动 APP | www.cqtimes.cn<br>itunes.apple.com/cn | 8-2 | 92 |
| 大众汽车 UP 车型 | Sir J.J. Institute of Applied Art, Mumbai, India | 报纸上的汽车游戏（Volkswagen Up: Newspaper app） | jjiaa.org/home.htm | 8-3 | 92 |
| 起亚汽车 Kia | Innocean | 双屏互动网球游戏广告 | www.kia.com<br>www.innocean.com/en | 8-4 | 93 |
| TNT（巴西功能饮料品牌） | Idevà Batista | TNT 功能饮料双屏互动（PUNCH FACE） | www.punchface.com.br<br>idevabatista.com/TNT-PunchFace | 8-5 | 93 |
| 喜力啤酒（Heineken） | AKQA | 实时猜球游戏（Star Player） | www.heineken.com<br>www.akqa.com | 8-6 | 94 |
| 麦当劳 McDonald's | DDB（斯德哥尔摩） | 户外乒乓球游戏 | www.mcdonalds.se<br>ddb.se | 8-7 | 95 |
| 宝马露天屏幕赛车 | iLogic（南非） | 宝马露天屏幕赛车（BMW Interactive Projection） | www.bmw.com<br>www.ilogic.com | 8-8 | 95 |

续表

| 营销主（广告主，品牌名） | 代理方（制作公司） | 案例名称（主题） | 来源（营销主+代理方） | 图片 | 页码 |
|---|---|---|---|---|---|
| 公益组织德国联合国协会（United Nations Association of Germany） | Cheil（德国） | 二维码解锁户外装置艺术（QR Code Love Padlocks） | www.freetheforced.org/case/mobile/cheil.de/index.html | 8-9 | 96 |
| 福特汽车（Ford） | Mindshare（多伦多）Y&R（多伦多） | 影院互动广告（Ford interactive cinema） | www.mindshareworld.com www.yr.ca | 8-10 | 96 |
| 《13街区》电视台（13th Street Channel） | Jung von Matt（德国汉堡） | "Last Call"影院互动营销 | www.13thstreet.de www.jvm.com | 8-11 | 97 |
| SONY唱片 | 电通（日本） | "Pair Movie"双屏互动广告 | www.dentsu.co.jp | 8-12 | 97 |
| 第九章　基于移动社交平台的营销 | | | | | |
| 雀巢（葡萄牙） | OgilvyOne（里斯本） | 雀巢Twitter推送菜单（Cook a Twitter） | www.verybestbaking.com www.ogilvy.com | / | 101 |
| 哥斯达黎加Spoon连锁餐厅 | GarnierBBDO, San José（哥斯达黎加） | 朋友点赞你优惠（Flags） | spoon.costa.rica.cr www.garnierbbdo.com | 9-1 | 102 |
| Todomoda（南美女性饰品店） | +Castro/La Escuelita | 朋友节合发Twitter（Shared Tweet） | www.todomoda.com/mexico castroinnovation.com | 9-2 | 103 |
| 名爵MG | Energy Source 安瑞索思 | 名爵朝看世界杯 | www.saicmg.com www.energysource-cn.com | 9-3 | 103 |
| 达能碧悠（中国） | Nurun（中国） | 碧悠去哪儿 | www.danone-bio.cn www.nurun.com | 9-4 | 104 |
| 英国独立乐队The Vaccines | The Vaccines | 乐队Instagram合成MV | vaccinesvideo.com | 9-5 | 105 |
| 百威啤酒（Budweiser） | 百威啤酒（Budweiser） | 众筹织毛衣（Twitter Powered Knitting Machine） | www.budweiser.com littlesweetknittings.com | 9-6 | 106 |
| 达利博物馆新馆（Dali Museum） | Hipstamatic | 达利博物馆Hipstamatic合作营销 | thedali.org/exhibit/dali-hipstamatic dali.hipstamatic.com | 9-7 | 106 |
| 雷克萨斯（lexus） | Team One | 雷克萨斯Instagram互动视频 | www.lexus.com instagram.com/lexusinstafilm teamone-usa.com | 9-8 | 107 |
| 第十章　品牌APP与移动营销 | | | | | |
| 星巴克（Starbucks） | Berghs School of Communication（瑞典Berghs传播学院） | "Early Bird"（早起的鸟）APP | www.starbucks.com www.berghs.se/en | 10-1 | 112 |
| 卡夫（Kraft Macaroni & Cheese） | Crispin Porter + Bogusky | "Dinner, Not Art"（早餐而非艺术）APP | www.kraftmacandcheese.com www.cpbgroup.com | 10-2 | 112 |
| 三星（Samsung） | Cheil（新加坡） | "eyes on the road"（看路）APP | www.samsung.com www.cheil.com | 10-3 | 113 |

续表

| 营销主（广告主，品牌名） | 代理方（制作公司） | 案例名称（主题） | 来源（营销主+代理方） | 图片 | 页码 |
|---|---|---|---|---|---|
| 凌仕（LYNX/AXE） | TMW | "Get Le Girl"（把妹）APP | www.lynxeffect.com<br>www.tmwunlimited.com | 10-4 | 113 |
| Café Amazon 泰国咖啡连锁店 | Proximity Bangkok（曼谷），1Moby | "Drive Awake"（行车提醒）APP | www.cafe-amazon.com<br>proximityworld.com<br>www.1moby.com/home | 10-5 | 114 |
| 雷朋眼镜（RayBan） | Berghs School of Communication（瑞典 Berghs 传播学院） | "Bright Light"（阳光预报）APP | www.ray-ban.com/usa<br>www.berghs.se/en | 10-6 | 114 |
| 高乐氏彩漂剂（CLOROX） | The Clorox Company | "Clorox Mystain"（去污达人）APP | www.clorox.com/mystainapp<br>itunes.apple.com | 10-7 | 115 |
| 乐高（LEGO） | Hello Monday / Eyecue Vision（哥本哈根） | "Life of George"（乔治的生活）APP | george.lego.com<br>hellomonday.com<br>eyecue-tech.com | 10-8 | 116 |
| 乐高（LEGO） | Wonder Years | "Brain Bricks"（头脑拼装）APP | www.lego.com<br>wonderyears.nl | 10-9 | 116 |
| 澳大利亚邮局公司（Australia Post） | Clemenger BBDO（墨尔本） | "Video Stamp（二维码邮票）"APP | auspost.com.au/parcels-mail/video-stamp.html<br>www.clemengerbbdo.com.au | 10-10 | 118 |
| 大众（Volkswagen） | Tribal DDB（北京）/ 特德营销 | "蓝色驱动"整合营销活动 | www.vw.com.cn/zh/VwCulture/think-blue-blue-mobility/BlueMobility.html<br>www.ddbchina.com/cn<br>smartdata-berlin.com/cn | 10-11 | 118 |
| 杜蕾斯（Durex） | Buzzman（迪拜） | "SOS condoms"送套服务 APP | www.buzzman.eu | 10-12 | 120 |
| DHL（新加坡） | Uni Lee, BA(Hons)Advertising communication in Lasalle College of the Arts 拉萨尔艺术学院广告传播荣誉学士 | "Friend Express"快递好友服务 APP | nhzy.co/DHL-Friend-Express unilee.co/dhl-friend-express | 10-13 | 120 |

导论
# 理解移动营销

## 一、理解移动互联网

"互联网"的概念已无需赘言,把"移动"加在"互联网"之前作定语,顾名思义,就是"移动的互联网"。近几年来,"移动互联网"的概念被全世界的创业者、营销者、广告人炒得沸沸扬扬,大家一致认为,移动互联网时代已经到来。那么,什么是移动互联网?它与之前的互联网有什么区别呢?

### 1. 传统互联网的补足与延伸

这还要从传统互联网的形态说起。众所周知,传统互联网必须依赖台式电脑,虽然笔记本电脑轻便了许多,但它依然不方便长期携带。这样的使用方式决定了人们必须在固定的空间中使用电脑连接互联网。保罗·莱文森①在其著作中描绘了这样一种状态:

> 直到最近,网上传播及其一般要求都是:使用者在椅子上正襟危坐,面对电脑显示器。虽然互联网产生了重大的革命性的影响,然后在媒介理论家所谓"提供服务的必备条件"中,它还是完完全全的传统媒介——按照它的要求,消费者如想得利,就必须具备一定的物质环境。和传统的电视、电话一样,互联网也要求使用者静止不动。事实上,在这一点要求上,互联网比过去的媒介有过之而无不及:陆基线路的电话容许人在室内走动,电视容许人在插播广告时到冰箱里去拿东西吃;除非你在花时间下载或上载很大的文件,一旦你离开电脑,互联网就立即停止为你服务②。

互联网技术拓展了人类大脑的极限,将一种从未有过的虚拟经验连接到了现实世界。但是传统互联网的使用方式却把人的手脚捆绑住,让人不得不"曲(弯曲身体)伏(伏在案头)"于电脑屏幕前。

与此相反,手机完全斩断了把人束缚在室内的绳索③。手机把人们从电话机和电脑旁解放出来,让人们能到户外任何地方与世界上的其他人保持联通。手机不仅使交流能力净增长,而且是对网上传播的改进④。由手机来分担电脑上网的大部分功能,除了屏幕尺寸之外,让手机逐渐趋于电脑的性能,但又脱离了各种线路的牵绊,让手机能上网,实现人类移动使用互联网的愿望。

> 从长远来看,互联网可以被认为是手机的副手。身体的移动性,再加上与世界的连接性——手机赋予我们的能力——可能会具有更加深远的革命性意义,比互联网在室内带给我们的一切信息的意义更加重大⑤。

"移动互联网"的概念由此而生:移动互联网是将移动通信技术与互联网结合起来形成的一个互联网体系,主要以手机等移动设备作为使用互联网的硬件,补

---

① 保罗·莱文森(Paul Levinson),美国媒介理论家、科幻小说家、大学教授、教育公司总裁、音乐人,多才多艺,在文学和传播学两方面成就卓越。他相当完美地实现了科学文化与文学文化、精英文化与大众文化的结合。媒介理论著作有《思想无羁》《软性的刀刃》《数字麦克卢汉》《真实空间:飞天梦解析》《学习赛博空间》等。
②~⑤ [美]保罗·莱文森. 手机:挡不住的呼唤[M]. 何道宽译. 北京:中国人民大学出版社,2004:3-13.

偿人们使用电脑时的空间限制。人类的科技进步总会补足之前技术带来的某种缺失，然后向着趋于完美的方向发展。任何一种后继的媒介，都是一种补救措施，都是对过去的某一种媒介或某一种先天不足的功能的补救和补偿[①]。

所以说，移动互联网是传统互联网的一种延伸形态。它的母体是互联网，但是它将触角延伸到了各类移动终端设备之上，也延伸到了使用移动终端设备的每个人身上。

## 2. 移动通信技术（Mobile Communication Technology）

"移动互联网"离不开移动通信[②]技术和移动终端设备，两者配合提供移动通信服务。移动通信服务是由硬件和软件相结合而成的一个系统，两者息息相关、无法分离。移动通信技术，首先指"通信服务"，是以电话服务为发端的服务系统。手机起初是无线电话，主要功能就是提供语音通信服务。

如果我们把手机比喻成汽车，那么移动通信服务技术就是道路。有了路，自然会有车，车多了，需要更宽的路。更宽的路，带来更多车，更快的车。移动通信服务与移动通信硬件大概就是这样一种关系。由速度快的"量变"带来了"质变"。4G技术使局域网、互联网、电信网、广播网、卫星网等能够融为一体组成一个通播网，不再局限于电信行业，还可以应用于金融、医疗、教育、交通等行业，向宽带无线化和无线宽带化的趋势演进。

我们可以想象，未来的移动通信技术会越来越先进，出现5G、6G等，带宽越来越大，而以手机为代表的移动通信设备也会越来越先进。人们使用移动互联网时，信息量越来越大，速度越来越快，成本越来越低，成为像水电煤一样的公共资源。到了那个时候，人类可以随时随地使用互联网，相互连通的状态就会到来。

## 3. 移动智能终端设备（Mobile Devices）

我们现在俗称的"移动设备"，或是"移动媒体（Mobile Media）"，确切地说应该是"移动智能终端设备"。移动设备的发展也推动了整体移动互联网生态系统的形成。移动设备是由手机为代表的各种具有无线通信技术设备的总称，包括平板电脑、"谷歌眼镜"等可移动、可穿戴式设备，或是未来各种形态的设备的总称。它们基于电脑的思维模式而制造出来，除了屏幕大小之外，又比电脑具有更多的延展性，能与人类进行更多维度的互动，而且能随时随地陪伴人类。现有的移动设备主要有以下几类：

（1）智能手机类

智能手机（Smartphone），是指"像个人电脑一样，具有独立的操作系统，可以由用户自行安装软件、游戏等第三方服务商提供的程序，通过此类程序来不断对手机的功能进行扩充，并可以通过移动通信网络来实现无线网络接入的这样一类手机的总称"。

手机的进化史就是从非智能手机到智能手机的进化史，手机硬件技术与通信技术的发展共同造就了智能化的趋势。如果不考虑成本因素，未来手机将会越来越智能化，典型的设备是苹果公司的iPhone系列产品。

---

① [美]保罗·莱文森. 数字麦克卢汉：信息化新纪元指南[M]. 何道宽译. 北京：社会科学文献出版社，2001.

② 又可称为"移动通信"，两者通常混用，在本书中意义相同。

（2）平板电脑类

平板电脑（Tablet Personal Computer，又称 Tablet PC、Flat Pc、Tablet），是由桌上电脑演变而来的概念。它一种小型、方便携带的个人电脑，以触摸屏为基本的输入设备。

有许多人会觉得，平板电脑不就是屏幕大一号的手机吗？平板电脑正是由于与手机的屏幕差异，造成了使用习惯的差异。这就会导致其操作系统、软件设计都会与手机有一些区别，从而导致在使用习惯上的区别。平板电脑更适合长时间的阅读、电子杂志的呈现、手绘等应用。应该说，平板电脑与手机都有存在的价值，都无法相互取代。典型的平板电脑有苹果公司的 iPad 系列产品和微软公司的 Surface 系列产品等。

（3）可穿戴设备类

可穿戴设备即直接穿在身上，或是整合到用户的衣服或配件的一种便携式智能设备。这些设备都是源于人类原本可穿戴的物品，如眼镜、鞋子等，只是将其电子化、数码化、智能化。可穿戴设备不仅是一种硬件设备，更是通过软件支持、数据交互、云端交互等来实现强大功能的设备。可穿戴设备最有价值的部分是与人类接触后收集到的个人信息，比如移动距离、心跳频率等。通过分析这些信息，可穿戴设备可以帮助人们做出正确的决策，一些医疗机构也已经开始使用可穿戴设备收集研究对象数据，进行医学研究。可穿戴设备将会对我们的生活、感知带来很大的转变。现在比较知名的有谷歌公司的 Google Glass 智能眼镜、苹果公司的 Apple Watch 智能手表、耐克公司的智能球鞋等。

（4）车载系统类

车载系统是在汽车内实现导航、信息检索、娱乐等功能的车内电脑，通常位于驾驶舱的中控台位置。汽车是与人类移动行为联系最紧密的事物，未来的汽车也将成为一个移动智能终端，移动互联网的一个触角。汽车厂商和手机厂商都已在车载系统上发力。在 2014 年的日内瓦车展期间，苹果公司正式发布名为"CarPlay"的车载系统，其主要功能为拨打电话、收听音乐、收发信息、地图导航，还可以与苹果的手机、平板电脑进行同步信息交换。谷歌公司的安卓（Android）系统也成立了"开放汽车联盟"，未来将安卓应用软件运用于车载系统中。

（5）移动智能家居类

智能家居是将互联网和"物联网"的概念连接起来，优化人类家居空间的一种家居用品。移动智能家居主要指那些家居中的小物品，它们具有可移动性、智能化。通常都是在原有物品功能的基础上加入智能化硬件，并可连入互联网，成为新的智能终端。我们可以试想出如智能化的杯子、智能化的镜子、智能化的衣架等移动智能家居。移动智能家居用品未来会呈现越来越多元化的形态。它们功能贴近人们的生活，全部接入互联网，连接到数据库，为人们提供解决方案，以此改善人类的生活。

在不久的未来，**可穿戴设备、车载系统和智能家居类将成为移动互联网下一个引爆点**，各大设备制造厂商和移动互联网企业都希望在其中分得一杯羹，我们应对此保持持续关注。同时，我们也不必拘泥于这些即将大众化的科技，最好还能对那些仍处于实验室中的尖端技术留有关注，因为它们才是真正的未来。

## 4. 移动互联网应用（Mobile APP）

在移动互联网时代，人们的工作、学习、生活方式都发生了巨大的改变。由互联网公司提供的各种服务都已延伸至移动智能终端，未来互联网的最大入口是移动媒体。所有生活中的应用都是由移动设备上的应用程序来达成的，即APP[①]。未来互联网的最大入口就是这些APP，它们与人们日常生活密切相关，主要分为四种：

（1）移动社交类

人们生活中最重要的行为是社交。借助移动互联网，人们可以随时随地与他人联系，分享信息。原本在传统互联网时代的社交类公司或品牌，都已将触角延伸至移动端，如Facebook、腾讯。一些直接从移动互联网中诞生的公司或品牌，也迅速成为人们生活中最重要的应用。如Twitter、Instagram、微信、陌陌等。移动社交类应用程序满足了人们随时随地社交的需求。未来移动终端的社交需求越来越强，而桌面电脑的社交会逐渐示弱。在移动互联网世界中，移动社交是最重要的应用类别。

（2）移动商务类

电子商务从桌面互联网转移到移动互联网，满足了人们随时随地能在线购物的需求。传统的电子商务网站也转型成为移动电子商务应用，如易贝（eBay）、亚马逊（Amazon）、淘宝、一号店、京东等。有了移动互联网，人们就可以利用碎片化的时间来进行购物。电子商务的商家也成了"24×7小时"的店铺，没有了"打烊"时间之说。

移动互联网的空间属性让商家有可能利用掌握消费者的行为习惯，从而推送合适的广告信息，把消费者引入实体店铺消费。移动商务为实体店铺商家与潜在消费者直接在线互动提供了平台，形成了O2O的模式，即从线上到线下的相互转换的商业模式，如Groupon、大众点评网等。这些APP满足了人们出门在外时对吃、住、购物、娱乐方面的需求。基于位置信息，它们将潜在消费者与商家联系在一起。

（3）移动搜索及导航类

人们对信息的获取越来越自由，并且希望随时随地。传统互联网的信息入口如谷歌、百度，将会继续成为移动互联网的信息入口。移动搜索变得越来越重要。移动中的人们时刻具有信息的不确定性的状态，所以他们需要信息来指导决策。人们希望解决身边的现实问题，便会求助谷歌、百度等搜索工具。移动搜索需要迅速便捷地为用户找到答案。百度移动搜索考虑到移动中人们不方便手指输入的特点，对搜索方式进行了优化，开发了语音命令搜索，实现良好的人机对话，还包括了条码、文字、翻译、图书、CD等等。图片搜索和语音搜索将是未来的趋势，这些识别技术为人机交互带来全新体验。

地图及导航的应用也将成为使用移动互联网的主要入口，如百度地图、高德地图。它们能为人们提供有关地理位置方面的资讯，特别是交通资讯和商业资讯，结合移动设备的地理位置定位服务（LBS）等技术，帮助人们在户外移动中迅速做出行为决策。

可以说，谁掌握了搜索和地图的入口，谁就拥有了移动互联网时代的重要砝码。

（4）移动娱乐类

人们的流动性高了，在路途中的碎片化时间自然就多了，更重要的是，手机成了随身携带的必需品，人们会随时随地使用手机，比如坐公交、上厕所、等电

---

① APP是英文"Application"的简称，是指移动智能设备上的应用程序。由苹果公司2007发布iPhone和iTunes而达成共识。

梯的时间。如何填补这些边角料的时间空白，娱乐是移动中的人们最大的需求。那些制造简单娱乐内容的公司就满足这种需求：如视频类、音乐类、游戏类等，满足了碎片化时间中的娱乐需求。移动中的娱乐必须是简单的快乐，比如"愤怒的小鸟"，操作简单，效果直接，关卡之间没有太多联系，即开即玩，即玩即关。这些特点适应了人们在移动过程中的"即时娱乐"的需要。

这些提供移动互联网应用服务的公司大多数都是由传统互联网公司延伸而来。在原有的网络基础上，它们把人们的使用习惯移植到移动设备之上，又根据人们移动中的使用习惯开发出符合移动化生活的应用。在未来，对移动互联网应用的需求会大于非移动的需求。

### 5. 移动互联网重构人类生态系统

根据上文所述，我们发现"移动互联网"的概念离不开"互联网"、"移动通信技术"、"移动设备"、"移动应用"这几个必要元素。我们是否可以得到这样一条公式：

移动互联网 = 互联网 + 移动通信技术 + 移动设备 + 移动应用？

诚然，这些元素构成了移动互联网的必要条件。但是，移动互联网并不是简单地将这些元素叠加起来。事实上，由于移动设备的智能化趋势，它与人类生活已经密不可分，它是互联网世界和现实世界的一种拓展。

当年所有接入互联网的电脑形成了一个巨大的电脑生态系统，与人类现实世界构成了一个复杂的生态系统。移动互联网是人类现实世界和虚拟世界的一个连接桥梁。在这个系统中，现实世界与网络世界相互交融，人类世界与物质世界相互交通，人与人、人与物、物与物之间的关系将被重构，系统中的每一个元素都将会相互影响。

所以，移动互联网应该是一个更复杂的人类生态系统，笔者用这样的公式来表达：

移动互联网 = 互联网 × 移动通信技术 × 移动设备 × 移动应用 × 人 × 物

移动互联网更像是一个人类共同的大脑，它随时随地能帮助人类记忆、传播、决策。移动互联网作为媒介无疑将承载人类世界最庞大的信息量，成为人类世界的延伸。

也许只有理解了这样的关系，你才能真正理解移动互联网。

# 二、什么是移动营销

### 1. 移动营销的定义

移动营销，英文为"Mobile Marketing"，可简写为"M-Marketing"，有的人又称其为无线营销（Wireless Marketing）。以下是一些学者的定义：

早在 2002 年，Sullivan 等学者将移动营销定义为"将智能电话、移动电话、个人数字助理（PDA）和信息技术作为市场营销的一种手段"[1]。

随后，Kavassalis 等学者将移动营销定义为"某种技术的示例，它把移动

---

[1] Sullivan, M. G., & Drennan, J., Mobile Digital Technology: Emerging Issues for Marketing [J]. *Journal of Database Marketing*, 2002, 10(1): 9-23.

网络作为一种分销渠道的补充，它用来传递传统的商业信息，传递互动的促销广告"①。

2005年，Bauer等学者将移动营销定义为"将手机作为向消费者传递商业内容的工具"②。

2006年，Leppäniemi等学者将移动营销看作是"移动媒体的一种使用方法，把它作为一种营销传播的方式"③。

2007年，移动营销协会（Mobile Marketing Association）在2007年将移动营销定义为："在一个跨媒体营销传播过程中，把无线媒体作为一种传递交互内容和直接回应的传播媒介。④" 这就意味着移动媒体是所有传播渠道中的一种。移动营销是用移动电话或其他移动设备来营销某个产品或信息。

从以上定义中，我们可以发现，移动营销的焦点是集中在"传播"这个概念上。事实上，有很多活动都可以理解为移动营销。为了达到营销的目的，诸如广告、个人销售、促销、公共关系和直销等工具都被营销者用来达到市场传播的目的⑤。Leppäniemi认为个人销售和公共关系很难在移动营销的语境下完成，所以建议移动营销的促销工具只包括：广告、促销和直销。

## 2. 移动营销的特点

笔者认为，移动营销的定义随着科技变化而变化，所有定义都无法涵盖所有可能性。只是从现有的案例中总结而来，笔者认为，移动营销的要素有以下三个，但不仅限于此：

（1）有明确的营销主Marketer（或称广告主Advertiser、出资人Sponsor）

移动营销是一种传播形式，背后一定有明确的传播者，即主动要求进行营销传播活动的广告主或出资人。营销者可能是政府、企业、群体、个人等。

（2）移动设备是所有传播媒介的中心

在许多移动营销中，移动设备是广告主与消费者之间沟通的媒介，但并不是唯一。传统媒介如电视、广播、纸媒等也在营销中扮演了重要的角色。但是，如果没有移动设备的参与，该营销就无法达成目的。不过，本书中讨论的移动媒介不包括公交车上的移动显示屏、氢气球广告媒体等非个人的移动设备。

（3）有明确的传播意图

从广义上来说，移动营销的目的是为了传播营销者的商品、服务或观念。既有商业目的，也有公益目的。

仅从商业角度来讲，根据移动营销协会的研究，移动营销有以下一些目的：提升品牌认知度，收集消费者个人数据，增强消费者参加活动或去店铺的意愿，

---

① Kavassalis, P., Spyropoulou, N., Drossos, D., Mitrokostas, E., Gikas, G., & Hatzistamatiou, A. Mobile Permission Marketing: Framing the Market Inquiry [J]. *International Journal of Electronic Commerce*, 2003, 8(1): 55-79.
② Bauer, H. H., Reichardt, T., Barnes, S. J. & Neumann, M. M. Driving Consumer Acceptance of Mobile Marketing: A Theoretical Framework and Empirical Study [J]. *Journal of Electronic Commerce Research*, 2005, 6(3): 181-192.
③ Leppäniemi, M., Karjaluoto, H., & Sinisalo, J. A Review of Mobile Marketing Research [J]. *International Journal of Mobile Marketing*, 2006, 1(1): 30-42.
④ Mobile Marketing Association (MMA), Understanding M-marketing: Technology and Reach [EB/OL], 2007, 5. [2008-06-15], http://www.mmaglobal.com/glossary.pdf.
⑤ Kotler, P. Marketing Management [M]. New Jersey: Prentice-Hall, Inc, 2000.

提高消费者的忠诚度，促进销售。①另外有学者认为，移动营销还能创造病毒营销（Viral Marketing），又称口碑营销（Word-of-mouth Marketing）②。

移动营销的有趣之处正是它正在不断发展变化中。各种新技术为移动营销带来了新的案例，延伸了移动营销的概念。这也正是移动营销具有挑战性的地方：没有人能预测它将成为什么，大家都在不断尝试。移动营销正在发展之中，我们要对新鲜事物进行探讨，要以发展的眼光看待定义。

## 三、技术与移动营销

这是从设备（Device）的角度来研究移动营销。本书中的"技术"③主要指"移动智能终端设备上的技术"，它们为营销传播活动提供了硬件基础。它们提供了人机交互的通道，它们赋予移动设备以人性。可以说，每一项新的技术的诞生，都将丰富移动营销的内涵，为移动营销带来新的体验。我们可将移动技术大致分为以下两类：

### 1. 模拟人类感官的技术

新的技术为移动设备模拟人体感知。人类的感知（Perception）是外界刺激作用于感官时，人脑对外界的整体的看法和理解，它为我们对外界的感觉信息进行组织和解释④。单一的感知包括眼睛的视觉、耳朵的听觉、口腔的味觉、鼻子的嗅觉、皮肤的触觉等，综合的感知包括冷热痛觉、空间觉、平衡觉、运动觉等。

（1）图像识别技术模拟人类视觉

图像识别技术是移动设备的视觉，如现在流行的二维码⑤（Quick Response Code）技术。二维码技术可用于信息的存储、传递和识别。如果把移动设备上的摄像头比喻成机器的眼睛，那么图像识别技术就是移动设备的"视觉"。眼睛看到符号，机器大脑制造意义。大多数图像识别技术的目的，都是在让移动媒介具有视觉感知，能帮助人们快速地采集信息，从而完成信息认证、识别、存储、交换等功能。另外，还有诸如人脸识别技术、眼球识别技术等是对非语言符号、肢体语言、人类表情的解读。

（2）声音识别技术模拟人类听觉

声音识别技术（Voice Recognition）⑥，又称语音识别（Speaker Recognition）技术。它是人工智能的听觉拟人化，根据声音采集装置得到的声响信息，通过内部数据库筛选，从而完成信息认证和识别的技术。如果把移动设备上的话筒比喻成机器的耳朵，那么声音识别技术就是移动设备的"听觉"，耳朵

---

① Mobile Marketing Association (MMA), M-marketing Sweepstakes and Promotions Guide [EB/OL], 2007, 7. [2008-07-15], http://www.mmaglobal.com/mobilepromotions.pdf
② Pousttchi, K., & Wiedemann, D. G. A contribution to theory building for mobile marketing: Categorizing mobile marketing campaigns through case study research [C]. 5th International Conference on Mobile Business, Copenhagen, 2006.
③ 为了理解清楚起见，在本书的其他部分会表述成"移动技术"，即移动智能终端设备上的各种技术的统称。
④ Schacter, Daniel. *Psychology* [M]. New York: Worth Publishers. 2011.
⑤ Denso-Wave. QR Code features [EB/OL]. [2015-1-20]. http://www.qrcode.com/en/
⑥ Beigi, Homayoon. *Fundamentals of Speaker Recognition* [M]. New York: Springer, 2011.

接受声音，机器大脑制造意义。人类是多么希望人与机器间交流使用人与人之间的交流方式——口语的方式。语言识别技术抛弃了"键盘"输入的繁琐，让机器像人一样去倾听，甚至比人听到更多，延伸了人类的听觉。

（3）触屏技术模拟人类触觉

触屏技术（Touchscreen）[1]是指使用笔、手指在电子设备的显示屏上实现人机互动的技术的总称。如果说移动设备上的触摸屏是机器的触觉器官，那么触摸屏技术就是移动设备的"触觉"。触摸屏感受外界压力，机器大脑制造意义，并最终由屏幕显示反馈给使用者。触摸屏是当今人机交互最常用的方式之一，虽然现在人们运用触摸屏进行人机对话的技术还略显呆板，但是人们已经可以脱离冷冰冰的鼠标和按钮，用手指触摸来与机器对话，这比其他任何感知都更常用。

（4）重力感应技术模拟人类运动觉

重力感应技术（Motion-sensing Technology）是指对地球的重力方向的感知技术。目前大多数移动设备上都装有重力感应芯片。以 iPhone 为例，它采用的加速计是三轴加速计，分为 X 轴、Y 轴和 Z 轴。这三个轴所构成的立体空间足以侦测到你在 iPhone 上的各种动作。重力感应技术犹如为移动设备装上了运动感觉器官，让设备感受平衡、倾斜、摇晃等状态，随后触发一系列反馈。比如：屏幕横竖的自动切换，摇晃手机接听电话。重力感应技术模拟人类"运动觉"，让使用者与机器间多了一种共鸣，将来会应用于健康、运动等人类生活的方方面面。

（5）定位服务模拟人类空间知觉

定位服务[2]（Location-based Service，缩写为 LBS）模拟人类空间觉。定位服务是指通过移动通信运营商通过无线网络或外部定位（如 GPS）方式，获取移动设备的位置信息，即使用者的位置信息，然后为用户提供相应的服务。具有定位服务的移动设备如同人类的"方向感"，甚至完全超越了人类。定位服务现已被广泛应用于导航、救援、交通管理等领域。当一人一机的时代来临之后，每个移动设备的位置即代表了使用者的位置，从某种意义上来说，人与移动媒体的关系变得亲密而微妙起来。

（6）增强机器表达能力的技术

模拟感官主要指移动设备模拟人类感官，从外界输入信息，而还有一些技术是为了让移动设备更好地向人类输出信息，使人机交互得到更好的体验。

如增强现实技术[3]（Augmented Reality，缩写为 AR）是一种直接或间接的视觉反射，在真实环境中增加由电脑生成的虚拟的声音、视频或图像等数据的技术。它增强了机器的视觉语言表达能力，人类能借助它看到的影像比在现实世界用肉眼直接看到的要多。同理，自动语音技术是增强了机器的口语表达能力。

---

[1] Walker, Geoff. A Review of Technologies for Sensing Contact Location On the Surface of A Display[J]. *Journal of the Society for Information Display*. 2012-08. 20(8): 413-440.

[2] Shu Wang, Jungwon Min and Byung K. Yi. Location Based Services for Mobiles: Technologies and Standards [C]. IEEE International Conference on Communication (ICC) 2008, Beijing, China.

[3] Graham, M., Zook, M., and Boulton, A. Augmented reality in urban places: contested content and the duplicity of code [J], *Transactions of the Institute of British Geographers*, 2013, 38(3): 464-479

### 2. 信息传输类技术

主要指移动设备之间或与其他设备之间的信息传输，如近场通信技术（Near Field Communication，缩写为 NFC），无线射频识别（Radio Frequency Identification，缩写为 RFID）是机器间信息交换的简单方式；移动信号客户识别模块（Subscriber Identity Module，缩写为 SIM）、WIFI 信号是利用信息基站，发送信息，并由移动设备来接受信息。我们可以把信息传输类技术理解为移动设备之间、移动设备与其他设备之间的信息交流方式，正如人类之间的交流。利用这些技术，信息能够直接通过机器自由流动，理论上无需人为的主观干扰。

除了以上这些技术外，新的技术层出不穷。不管怎样，技术的目的都是为了使移动设备更加智能化、人性化，使人机交互变得更简单直接，使人机交互的体验更舒适。移动营销必须借由移动设备得以实现，于是，技术为移动营销提供了硬件和软件上的支持，让创意人员能大胆想象，大胆尝试，借由各种新兴的人机交互体验来达到营销的目的。本书收录了基于不同技术的移动营销案例，一些章节的议题是按不同的技术类别来区分的。

## 四、渠道与移动营销

这是从移动互联网信息传播渠道（Channel）的角度来研究移动营销。简单来讲，这是一个解决"移动营销通过什么渠道来做"的问题，或者说解决"通过什么渠道来使用诸如广告、个人销售、促销、公共关系和直销等工具"的问题。

### 1. 移动广告平台

（1）短信彩信广告

短信、彩信是手机上最早的移动广告形式。从某种意义上来说，销售人员的电话销售也是移动广告，但通常将它看作是直销、人员销售。短信、彩信广告的受众非常广，从某种意义上来说，只要手机号码存在，就能收到短信或彩信广告。即使在移动互联网时代，这两类广告还依然存在空间。几乎每个使用手机的人都会收到短信和彩信广告（如图 2-1）。可惜，短信、彩信广告似乎已经与"垃圾短信"画上等号了。虽然短信广告依然有存在的必要，但是它们不是本书讨论的重点。在本书的"基于移动信号的广告创意"章节，笔者会略有涉猎。

（2）移动广告平台

移动广告平台和互联网的广告联盟相似，它是一个连接着应用开发者和广告主的平台。在平台上，开发者提供应用，广告主提供广告，而移动广告平台就会提供相应手机系统的 SDK（Software Development Kit，软件开发工具包）。移动电子杂志、手机应用中的弹出广告等，都是移动广告发布的专业平台。现在常用的主要有谷歌 Admob 广告系统、苹果 iAd 移动广告系统和 Facebook 的移动广告系统。移动广告平台的收费方式一般有三种：

① CPM（按访问人次收费）

② CPC（以每点击一次计费）

③ CPA（指按广告投放实际效果）

### 2. 整合营销平台

**（1）移动商务类 APP**

诸如淘宝、亚马逊等移动商务 APP，它们本身就是商务平台，必然也是营销平台。除了原有的网上购物之外，现在的移动商务类 APP，都加入了移动搜索与导航定位功能。也就是说，它们同样具有 O2O（全称 Online To Offline，或是 Offline To Online）的商业模式，通常被称为线上线下互动模式，就是把线上的消费者带到现实的商店中去。消费者可以在线支付线下商品、服务，在线下享受服务。商家也可以把线下的消费者带到线上去，让他们注册网站会员，在线交流，提供售后服务等。

**（2）跨屏整合营销**

移动营销不是孤立的营销传播活动。在营销生态圈中，传统的电视、广播、杂志、户外广告依然发挥重要作用，同时，个人销售、直销、公关、包装、商品展示、店面促销等依然扮演重要的角色。即使在未来，所有营销活动都离不开移动设备，移动营销依然应该纳入"整合营销传播"的概念中加以探讨。

移动设备成为与消费者关系最紧密的，最合适的"接触点"。移动设备是贯穿整合营销传播的一条主线，把线上、线下的广告和活动全部串联起来。未来的整合营销必然是移动营销，未来的移动营销必然是整合营销。

### 3. 原生营销平台

**（1）移动社交平台**

移动社交平台，如 Fackbook、Twitter、Instagram、微博、微信等等。社交类 APP 本身就拥有巨大的用户数量。企业或品牌通常在这类平台上拥有官方账号，以此吸引粉丝关注，向受众传播品牌信息，并保持实时互动，维护着自己的亚文化圈。社交类 APP 的趋势是公益化，成为社会公共资源。企业、品牌或个人都可以免费使用它，但其营销模式不是很明朗。依附移动社交平台来做移动营销，本质上还是内容上的营销。

**（2）品牌自建平台**

世界上大多数知名品牌都已经拥有了官方的 APP。APP 成了广告主与消费者沟通的桥梁，成为营销的利器。品牌 APP 从功能来分有资讯类、服务类、娱乐类、活动类、商务类，但未来呈现整合的趋势，从时效来分有短期和长期，未来趋于长期型 APP。品牌 APP 使得营销主拥有非常大的自主权，通常结合了移动设备上的最新技术，能为消费者提供新奇独特的体验。它就像消费者通信录或朋友圈里的一个朋友，随时随地为消费者提供各种解决方案。品牌 APP 成了营销者的下一个金矿，但也可能成为移动营销最惨烈的战场。

除了以上这些渠道外，还有许多新的渠道正在出现。不管怎样，移动营销会借助各种新旧渠道开展，除了必须借助移动设备外，营销工具无非还是广告、个人销售、直销、公关、包装、商品展示、店面促销等。移动互联网为营销提供了更多移动化、个性化的渠道，但同时带来了许多问题。消费者握有对移动设备的自主权，对移动设备上的广告信息抱有天生的排斥心理，对移动营销也存在疑虑。这些都是移动营销面临的核心问题。本书收录了不同渠道上的移动营销案例，一些章节的议题是按不同的渠道类别来区分的。

## 五、总结：不断延伸的移动营销

　　移动互联网是由移动通信技术、移动设备和移动应用构成的网络系统，它是传统互联网的补足与延伸。它连接了人类现实世界和虚拟世界，也重构了人与人、人与物、物与物之间的关系，成为人类世界的延伸。

　　移动营销是把手机等移动媒体作为一种传递交互内容和直接回应的传播媒介，应用于一个跨媒体的营销传播过程中。它有明确的营销主，以移动设备作为传播媒介的中心，有明确的传播意图。移动营销能提升品牌认知度，收集消费者个人数据，增强消费者参加活动或去店铺的意愿，提高消费者的忠诚度，促进销售，还能创造病毒营销或口碑营销等。

　　移动营销的概念正在不断地延伸，我们可以从技术和渠道的角度来探讨这些新的可能。移动智能终端设备上的各种技术模拟了人类的感官，提供信息传输的通道，赋予移动设备更多人性，为移动营销带来新的体验。移动互联网信息传播渠道为移动营销提供了平台，得以进行广告、个人销售、促销、公共关系和直销等，为营销者和消费者之间提供了更多移动化、个性化的沟通平台。本研究以不同技术和不同渠道作为衡量标准，展开了十个与移动营销有关的议题。不过，案例不能用一个标准区分，它们相互之间有交叉，只是分析重点不同而已。

**思考题：**

1. 想象一下，未来人与物体的关系会发生哪些改变，对人类的生活方式会带来怎样的影响？
2. 请思考未来移动智能终端设备还能"延伸"人类的哪些器官？
3. 请思考移动互联网的应用现状，并预测未来还会在哪些领域出现巨大的需求？
4. 如果把你的各种移动智能终端设备全部没收，请规划自己的一天。
5. 手机给我们带来便利的同时，也带给我们许多困扰，请借助案例来说明，并提出自己的解决方案。

第一章

# 二维码与移动营销：
# 从一见钟情到日久生情

# 一、二维码与移动营销

## 1. 什么是二维码

二维码（2-dimensional bar code）是指在一维条码的基础上扩展出另一维具有可读性的条码，使用黑白矩形图案表示二进制数据，被设备扫描后可获取其中所包含的信息。二维码可用于信息的存储、传递和识别。二维码属于图形识别类的技术，它是为机器设计的语言。物与物之间交流的符号。

二维码是一种机器语言符号，就像一种密码或暗号。不同的公司都有不同的规则，因此构成了不同的形态。我们只能列举现在比较常见的，不可能穷尽所有。

（1）堆叠式/行排式二维码

堆叠式/行排式二维码（又称堆积式二维条码或层排式二维条码），其原理是建立在一维条码基础之上，按需要堆积成二行或多行。有代表性的行排式二维条码有：Code 16K、Code 49、PDF417 等。相比一维条形码，它增加了上下的维度，形成了多层，即可多存储信息。

（2）矩阵式二维码

矩阵式二维条码（又称棋盘式二维条码），其原理是在一个矩形空间通过黑、白像素在矩阵中的不同分布进行编码，具有代表性的矩阵式二维条码有：Code One、Maxi Code、QR Code、Data Matrix 等。QR Code 是我们现在比较普及的形态，甚至于"QR Code"成了二维码的同义词。所有技术一旦普及，人们就会产生行为惯性，减少替换的成本，于是产生"滚雪球效应"。

二维码技术是这类图像识别技术的总称，不同公司都有自己的技术规则，呈现出不同的形态。已开发的规则会逐渐普及，成为一个时代的象征。二维码之后，会有更多的图像识别技术出现。所有图像识别技术的目的，都是在物与物之间快速地采集信息，通过内部数据库筛选，从而完成信息认证、识别、存储、交换等功能。

移动设备上的摄像头是机器的眼睛，图像识别技术就是机器的大脑，眼睛看到符号，大脑制造意义。通过二维码识别技术，物与机器之间完成信息交换，而人通过机器与物产生了传播关系。

二维码不是终点，是一个开始，一种思维方式。也许未来还会有"三维码"、"四维码"的出现，或是我们无法预知的名词。人类只是为物与机器发明了一种语言，让物与机器直接交流，从而把物纳入到人类传播系统中。人类的最终愿望是将物、机器、人之间的关系打通，构成一个由互联网和物联网构成的网络体系。

## 2. 二维码的特点

我们以普及的 QR Code 二维码为例，了解一下它的特点。

（1）信息容量大：可容纳多达 1850 个大写字母或 2710 个数字或 1108 个字节，或 500 多个汉字，为内容提供了容量上的保证。二维码可以用来承载各类实用信息，如二维码名片，将传统名片上的所有联系人信息都编辑成一个二维码图形，只要对方用移动终端扫描一下二维码，即可识别并存储名片主人希望传递的所有信息。这样的方式减少了信息接收者存储信息的繁琐过程，减少了机械劳动，将人工操作交给机器，人可以腾出时间做更重要的事。

图 1-1 《时代周刊》的二维码

（2）编码范围广：它不仅仅存储文字信息，还能把图片、声音、签字、指纹、视频等各种信息进行编码，转化成二维码。本质上，二维码只是一个进入互联网的入口，而进入之后的内容就能随心所欲了。这为内容创作提供了无限可能。

（3）容错能力强：具有纠错功能，即使因穿孔、污损等引起局部损坏，照样可以得到正确的识读，损毁面积达 50%仍可恢复信息。因为不需要太精确就能识别，那么就不一定要用普通材质印刷二维码，而是可以使用各种材质印刷。即使看起来面目全非的二维码设计，机器也能进行识别。美国《Time》(时代周刊）将新闻题材结合进二维码（如图 1-1），二维码即使做了拉伸，也不影响被机器识别。

（4）制作成本低：它的成本已经低到可以忽略不计，成为免费的产品。每个人都可以借助免费软件来制作各种内容的二维码，比如名片信息、网页链接等。成本低也是二维码普及的主要原因。有些人把自己的联系方式做成二维码，印制成 T 恤穿在身上。如果想加他为好友，扫描他衣服上的二维码即可。这个二维码可以是姓名、手机号码、邮箱，也可能是社交平台的账号。我们可以在生活中制作各种各样实用的二维码。

### 3. 基于二维码的营销

二维码首先是物与机器之间交流的媒体。二维码也是传统媒体（特别是依赖视觉的媒体、平面媒体）的一种补偿性媒体，它让移动设备读取信息，从而让人们获取传统媒体之外的信息。让人们从现实世界连接到虚拟世界，即互联网的世界。它是一个连接入口我们应当考虑，入口本身是否具有吸引力？人们通过它进入互联网之后，能收获什么？

## 二、呈现方式吸引眼球

二维码容错度高的特点允许设计者能使用各种材质在各种场合用各种方式去呈现。二维码营销的第一步就是要吸引注意力。

### 1. 平面构成与二维码

学过平面设计的人一定学过平面构成这类课程。平面构成是在二维空间上，使用点、线、面的基本元素来构成某种图形（如图 1-2）。平面构成可以玩出无穷无尽的花样，尝试各种点、线、面的可能性，为我们的视觉制造出各种新奇的体验。平面构成是平面设计师的基本功。

二维码和平面构成不期而遇，擦出创意的火花。二维码是一种在二维空间上构成的点、线、面的图形，是相对纯粹的平面构成艺术。二维码只需整体上呈现一定的规则，细节上可以自由发挥。

图 1-2 平面构成作品

图1-3 日本海啸救援公益广告

图1-4 游戏《愤怒的小鸟》海报

图1-5 LV品牌的二维码设计

图1-6 编织成二维码的手套

图1-3为日本发生海啸后的求救公益海报，我们可以从三个层面来看。第一层面是由五个二维码组成的红十字形状，背景纯白，醒目地呈现了人道主义救援和日本（日本国旗颜色）的形象。第二层面，是每个二维码都是一个入口，观者只要用移动终端扫描，就可链接到官方捐助的界面，能够在线捐助。第三层面，在单个二维码中，细看之下可以发现各种救援的元素，如直升机、舰艇、动物、医药箱等剪影形象。在细节处理上，广告设计者运用了平面构成的方法，尽可能呈现出更多与救援相关的图形元素，从而让观者产生更多的记忆点。

### 2. 品牌形象与二维码

每个品牌或产品都会有一些独特的图形、符号、颜色。在为品牌设计二维码时，我们能将这些图形符号、颜色运用于二维码的细节处理上，将二维码深深烙上品牌的影子。如愤怒的小鸟这款游戏的广告海报（如图1-4），设计师直接将游戏中的典型元素"箱子"作为二维码的最小单位，然后再结合游戏中的场景元素，制作成了广告海报。这幅广告海报既符合品牌形象，又兼具实用功能。观众只要利用移动设备扫描二维码，就会被链接到游戏的下载界面，直接下载游戏。

如果将二维码比喻成一种语法，那么品牌的基本图形、符号、颜色就是构成语句的单词。能体现品牌的任何元素都能用来增强二维码的识别度，品牌形象与二维码被关联起来。

路易威登（LV）品牌以字母组成的花纹图形著称，品牌颜色为土黄与深棕，花纹的最小单元都以菱形的结构呈现。顺着这样的思路，LV品牌的二维码就设计成这样（如图1-5）。这个二维码带有强烈的品牌特征，成为移动营销中的一张名片。顺着这种思维，就不难想象出各类著名品牌的二维码了。

### 3. 多重材质的二维码

跳出平面设计的范畴，我们可以在多维的空间中置入二维码。比如使用与产品或品牌相关的材质或元素，将产品与二维码直接关联在一起。凡是我们能想得到的材质，都可以将其做成二维码的形态。织物类如二维码的手套（如图1-6），就是手套品牌最好的实物广告。铜质二维码锁，用镂空工艺呈现密码（如图1-7），扫描二维码之后，会有奇迹出现吗？

英国一家名为"三叶草"的奶牛公司，在每头牛上都印制了二维码（如图1-8）。顾客扫描二维码后，就能够查到它的出生日期、体重、身高、产奶量、最喜欢的食物以及农场平常是如何照料它的相关视频。此举让消费者能追溯到奶牛的来源，对于奶牛的质量就能相当放心。此举本身形成了一次话题营销，以此吸引公众眼球，达到广告目的。

产品本身也是最好的素材，产品即为自己代言。五颜六色的"Mars"（玛氏）巧克力豆是现成的创作元素。创意人员用各种颜

第一章 二维码与移动营销：从一见钟情到日久生情

图 1-7 铜质二维码锁

图 1-8a 奶农与二维码

图 1-8b 在奶牛身上喷绘二维码

图 1-9 Mars 巧克力豆二维码

色的巧克力豆拼出一个二维码（如图 1-9），这不就是一副平面广告吗？"Fruit Ninja"（切水果）是一款热门的移动游戏，创意人员将游戏中的各种水果拼接成一幅二维码（如图 1-10），扫描二维码即可下载此游戏。

二维码广告省去了传统平面广告中隐晦的创意成分，将产品与营销直接联系在一起，让广告兼具审美与实用功能。这也符合移动互联网时代的消费者心理：简单、实用、效率。

### 4. 行为艺术二维码营销

如果把思维扩宽，从平面到立体，从物品的三维属性到空间时间的四维属性，人类行为也可以成为二维码，这便是行为艺术二维码。行为艺术是指在特定时间和地点，由个人或群体行为构成的一门艺术。行为艺术二维码就是通过人类行为，借助一些道具，在行为过程中呈现二维码。行为艺术是表达观念的一种方式，而行为艺术二维码表达的是二维码的呈现方式和二维码背后的内容。空间和时间因素被置入，吸引人们眼球，制造话题营销。

**案例：深圳观澜湖高尔夫球场二维码营销（如图 1-11）**

营销主：观澜湖高尔夫球场

挑战：如何吸引公众眼球

创意：创造世界上最大的二维码

执行：2013 年 1 月 28 日下午，中国深圳观澜湖高尔夫会员练习场，近 2000 名身着统一服装的球童随着主持人一声口令，齐齐地把手中的伞举起并撑开，形成了一个巨大的二维码图形。从高空用微信扫描后，就能进入观澜湖官方微信，关注后可链接至观澜湖可持续旅游活动网页，回答低碳环保、可持续旅游相关问题即可参与抽奖。据称这个二维码成为当时世界上最大的二维码。观澜湖高尔夫球场通过此次事件营销，成功博得了大众的眼球。

图 1-10 切水果游戏二维码

图 1-11 中国观澜湖高尔夫球场的二维码广告

这个案例让我们联想到大型体育赛事开幕式上的集体翻牌构成文字和图形的场景。这类群体完成的行为艺术总能让人激动不已。

17

图1-12 奥迪百年大庆的二维码广告视频截图

**案例：奥迪百年大庆二维码广告（如图1-12）**

营销主：奥迪

代理方：奥迪（日本）

挑战：如何用一种团结的方式来庆祝公司百年大庆

创意：进行了一场别开生面的挑战——用集体举牌的方式来创造当时世界上最大的二维码

执行：2011年12月22日，在奥迪迎来百年大庆的两天前，在日本幕张国际展览中心，奥迪日本职员为弘扬"Vorsprung（德文：先进）"的奥迪所倡导的"持续挑战的精神"，发挥所有参与职员的热情，强调职员的合作，奥迪日本130多名职员各自举着1.2米见方的牌子，构成了纵横12.6m，总面积159m$^2$的世界上最大的二维码。二维码行为艺术成功后，他们又组成了"100 Years of Audi"的大型文字。

集体表演的行为艺术二维码，背后真正的目的是**制造话题，引起公众的关注。**

## 5. 装置艺术二维码营销

装置艺术就是"场地＋材料＋情感"的综合展示艺术。二维码的创意也可借鉴装置艺术的概念，注意时间、空间的因素，从整体环境和氛围上与广告诉求相关，从而使得二维码融入广告故事本身。

一个英国流浪汉关怀组织"Simon on the Streets"在街头做过一个装置艺术（如图1-13），营造出一种乞丐乞讨的感觉，但仔细一看，原来是一个公益组织的广告。路人只要扫描二维码，即可为组织捐款。

图1-13 英国流浪汉关怀组织的街头装置二维码广告

图1-14 奔驰汽车"QR战利品"二维码广告官方页面截图

**案例："QR-Trophy（QR战利品）"二维码广告**

广告主：奔驰汽车

广告公司：JVM

挑战：如何进行奔驰A-Class车型上市推广？

创意：通常情况下汽车厂商推出一款新车型前，都会在试车时用布将车身包裹起来以防止提前泄露设计。那么这身包裹为什么不做成二维码？

执行：奔驰开启了这一场名为"QR-Trophy"的营销活动（如图1-14）。这辆车身铺满二维码的车子"肆无忌惮"地在全城"暴走"，同时在网页上、报纸上也可见其踪影。车迷只需要下载"A-Class QR-Trophy" App，就可以拍下车身上的二维码，将其分享到Facebook和twitter上就有可能获得日内瓦车展的门票。当然，更幸运的是，如果可以集齐4个特殊（二维码）勋章，就可免费获得一辆奔驰A-CLASS轿车。

效果：活动开始之后，这辆"QR战利品"的奔驰A-CLASS抢占了媒体的版面，而这不需要任何的媒体支出。最后广告活动引发了2860000次的谷歌搜索，以及Facebook上6800000次的印象指数。

装置艺术营造了一种时间和空间上的独特性。装置艺术会讲故事，与环境相吻合，与环境发生逻辑关系。同时，装置艺术在创作过程中也可以转变成为一次行为艺术。

图1-15 正午时装置显示的二维码

**案例：二维码正午时光装置**

广告主：易买得（Emart）

挑战：超商品牌易买得（Emart）发现超市在中午时分人流量和销售量总是很低。如何吸引人们在中午时分对超市购物产生兴趣？

创意：设计一个二维码装置，使其只在中午时分才会有效，扫描后奖励消费者。

执行：创意人员在韩国首尔的市中心重要区域投放了一个户外广告装置（如图1-15）。这是一个非常有意思的二维码装置，类似立体的雕塑，是由一根根大小、长度不一的长方形的木条块组合，看似无规律地排列在一块展架上。长方形的木条块与地面水平，在正常情况下，这个装置就像是一个随意制作的雕塑，看起来不知道是什么图形，但是它的玄机需要阳光的配合。在正午时分，阳光直射于装置之上，其长方形的木条块照射到下面产生相应投影，而投影从正面角度看，居然就形成了一个二维码。此时，路过的行人只要用手机等移动设备扫描这个二维码，就可获得易买得超市的优惠券，并且可以通过移动设备在线购物，等超市物流人员送到你填写的地址即可。

效果：这个装置本身引起了路人的好奇，纷纷扫描。由于扫描后得到优惠券，有的人就直接在手机上订购商品。易买得的商品在中午的购买量得到了大幅的提升。

该装置艺术本身吸引眼球，引起路人围观。扫描之后送优惠券，方法传统但依然最有效，消费者得到实惠和满足。中午时分，上班族午餐时间，这样的新鲜事物本身就会引爆话题。

## 三、二维码背后的内容营销

除了在二维码呈现方式上发挥想象力以外，如果只把二维码当做一个入口，那么进入互联网之后的内容也许是最重要。二维码进入后，由移动屏幕呈现多媒体信息，屏幕中的内容是虚拟的，但是移动设备及观者又在现场，虚拟内容与现场的人和物构成了一种故事逻辑关系，营销者就能利用这个逻辑来讲故事。

图1-16a 扫描前的平面海报

图1-16b 扫描后手机置于海报之上的视觉效果

### 1. 视觉错位变魔术

视觉错位的方法在传统的平面广告设计中常会被使用。利用视觉错位的方法，把扫描二维码之后手机中的画面与原本二维码呈现的媒介关联起来，以视觉错位的形式表达广告诉求。

这是某位国外设计师自己设计的一张简历，但是欲详细了解，你需要用手机扫描他盖住嘴的二维码。然后，你的手机中就会呈现他的嘴巴向你做自我介绍。（如图1-16）

这是丰田汽车在纸质杂志上做的一个互动广告。画面上呈现汽车驾驶员看前方路面的视角，前方路面有个孩子在蹲着捡球（如图1-17a），广告下方有提示你可以扫一扫二维码看看会发生什么。当用户拿起手机扫描孩子背上的二维码，孩子突然不见了，手机屏幕中呈现广告口号：开车时玩手机就等于"盲人"。另外

图 1-17a 杂志广告，孩子背后有二维码

图 1-17b 手机扫描后，孩子不见了

图 1-18a "偷窥实验"中贴于墙上的二维码贴纸

图 1-18b "偷窥实验"中手机扫描二维码之后看到的视频截图

一幅，前方路面换成一只过马路的奶牛，原理同上（如图 1-17b）。

广告利用手机屏幕与杂志广告画面产生关联，用视觉错位的方法来传递广告诉求。

### 2. 在环境里讲故事

把二维码放置在某个环境中并制造悬念，吸引人们产生扫描二维码的冲动。二维码犹如一把解密钥匙，扫描二维码之后，便可在移动终端的屏幕中展开叙事，把虚拟世界与现实世界中的意义结合在一起。

**案例：Axe Peephole experiment（凌仕偷窥实验）**

广告主：AXE（凌仕）香水

挑战：AXE（凌仕）香水在深入观察之后，发现每个男人都有"偷窥欲"，如何利用这种偷窥欲来传递广告信息？

创意：在厕所的墙壁上贴上二维码，作为"偷窥的通道"，只要扫描二维码就可以拥有"偷窥女厕所"的能力。

执行：品牌做了名为"Axe Peephole experiment（凌仕偷窥实验）"的广告战役。创意人员在男厕所的隔离板上贴上二维码贴纸，提示男人们只要用手机扫描二维码，就可以"偷窥"到隔壁女厕所的动态（如图 1-18）。当然这不是真正的偷窥，这是凌仕开的一个小玩笑。当男人们扫描二维码之后，手机屏幕就会连接到互联网，然后播放一段视频。视频中，几位性感的美女在洗手间镜子前搔首弄姿，感觉就像是在镜子前装了一只偷窥摄像头。当男人们看到一半时，视频中的女生会突然发现摄影头，并用手把偷窥孔给堵住。

这些都是现成的病毒视频，只是拍摄手法让人感觉如同偷窥视角。视频最后会出现文案："想看更多请访问我们的 Facebook 主页"。那么，只要有兴趣的男人就能连接到 AXE 在 Facebook 上的主页，并参与更多互动。比如：用户只需要选择五个好友分享即可，就可以解锁更多视频。

效果：据 AXE 官方统计，23% 的目标消费者每天都看了视频。Facebook 上的粉丝们在网站上与品牌的互动增加了 53%。在 Facebook 上也收到了比平日多 602% 的转化和评论数。所有的一切都为品牌与消费者之间建立了有效的互动。

男厕所本来就是个荷尔蒙无处不在的场所。这个创意借助性元素，用虚拟视频来满足男人的"邪念"。在二维码和移动互联网技术的帮助下，品牌制造了一种偷窥的假象，用性感辣妹来吸引眼球。虽然男人知道视频是假，但却忍不住想要一探究竟。这些小视频也正好打发了如厕时的无聊时间。想想那些公共厕所墙壁上写满的无聊图形和文字吧！这是一个多么好的洞察。

另外，当受众对二维码背后的内容感兴趣，也可以链接到互联网上挖掘更多内容。在这个相互分享的过程中，受众不知不觉为品牌主动扩散视频，成了品牌免费的宣传者。

案例：大众 Crafter 商用货车二维码广告

广告主：大众汽车 Crafter 商用货车

挑战：墨西哥城 Abasto 中心是世界上最大的分销市场，每天大概有 2000 笔生意和 350000 个商人在此出没，他们都是大众 Crafter 商用货车的潜在消费者。如何引起他们的注意并借机推广商用货车？如何告诉商人们大众 Crafter 商用货车能装很多东西？

创意：用与搬运货物相关的装置和行为艺术来呈现一个二维码，并在扫描二维码之间插放视觉错位的视频广告。

执行：工作人员从凌晨 4 点开始，用装满水果的木箱子一层层叠加，最终在清晨时分在广场上搭出了一个巨大的二维码。工作人员搭建巨大二维码的过程已经吸引了过往的行人和商人驻足观看，人们纷纷好奇这个巨大的二维码背后隐藏着什么秘密。于是大家纷纷拿出手机扫描二维码，当然这是要在二维码已经基本完成的时候。手机识别二维码之后，就立刻打开了一个视频。视频中一辆大众 Crafter 货车开来，车上下来一群搬运工，他们开始把组成二维码的木箱子一个个搬进车厢中，直到全部搬完。视频中的这个搬运过程从白天一直到天黑，以快进形式呈现。最后，视频中的一群搬运工把塞满箱子的货车门关上，最后一个镜头显示大众的标志和商用货车 Crafter 的文案（如图 1-19）。

图 1-19a 由箱子叠成的二维码

图 1-19b 扫描二维码之后的广告视频截图

在一个习以为常的市场上，一群人把一个个装满水果的木箱子堆积如山。搭建二维码的行为本身制造了一种神秘感，其过程就已经吸引路人的注意。在这个过程中，路人的好奇心激增，周围弥漫着这样的话题：这些家伙到底要干什么？最后，当巨大的二维码出现，人们的好奇心被调动到最高点。会使用二维码的人立刻拿出手机扫描二维码，不会使用的也会从众，或者去看别人的手机。路人就像看街头好戏一般，都想看看究竟这些家伙在做什么？最后当他们在手机中看到视频，才知道这原来是大众货车的一次话题营销。

扫描二维码之后链接到的视频广告承载了现场无法承载的信息。观众用自己的手机参与了这次行为艺术，在虚拟和现实中同时接收到了品牌所要传递的信息。整个行为也颇有几分快闪的味道，成为一段时期内当地人谈论的话题。

## 3. 揭开广告背后的悬念

二维码使得传统媒体有机会直接链接到互联网内容，广告中产品的呈现方式也就从单一的平面呈现转换成立体的、多媒体的呈现。用户扫描二维码之后，广告主就能引导其转移到互联网上，用更生动的产品展示、更有效的支付营销，普通观众转变成实际购买者。二维码成为连接线上线下营销活动的一个桥梁，将广告的过程延伸至营销的末端，即促进销售。

案例：揭开 Lily 的秘密

广告主：维多利亚的秘密（Victory Secret）（知名内衣品牌）

代理方：美国的迈阿密广告学校

创意：在广告中模特身体某个部位盖上了二维码，如要看到二维码背后的内容，需要用户用手机扫描二维码揭晓答案。

执行：维多利亚的秘密在大街小巷发布模特撩人的照片，但在其内衣部位用二维码遮盖。写出的文案是"Reveal Lily's secret"（揭开 Lily 的秘密）。大多数人会拿起手机扫描此二维码，这时二维码的区域就会显现模特遮盖

图1-20a 维多利亚的秘密二维码互动广告

图1-20b 维多利亚的秘密二维码互动广告

图1-20c 维多利亚的秘密二维码互动广告

部位其实是穿着性感的内衣。正好应和了广告语:"Sexier than skin"(比皮肤更性感)(如图1-20)。

利用美女形象的吸引力,广告吊足路人的胃口,卖了个关子。创意人员洞察了人们爱偷窥的心理,让他们忍不住想要看到被掩盖的部位。广告文案又火上浇油:扫描后,看到产品,让人欲罢不能。扫描二维码之后,观者看到了内衣,明知是个小小的玩笑,却也乐此不疲。互动的过程形成独特的体验,让人加深对品牌和产品的印象。广告引发街头热议,形成了一次话题营销。

图1-21a 内衣平面广告

**案例:内衣二维码解密**

广告主:Wonderbra 内衣品牌

创意:用二维码来为平面广告"抖包袱"

执行:品牌事先在户外、平面媒体、Youtube 视频广告中投放广告,广告画面是模特身着普通的衣服,广告文案是"想知道我的秘密吗?"(如图1-21),画面指向一个二维码,意思是用户通过专用的 App 扫描二维码,即可以"偷窥"到模特衣服背后的性感内衣照。当用户扫描二维码后,手机中就会出现模特身着内衣的照片。如果消费者对其感兴趣,即可直接通过手机链接到购买页面,实现电子商务。

传统的平面广告首先运用文案和二维码来"卖关子",诱惑观众扫描二维码。当观众进入二维码之后,再把产品的包袱抖出,链接到电子商务环节。这样的广告模式在未来将成为普遍趋势,广告呈现的同时就能通过移动终端链接到销售环节,二维码是链接的中介。

图1-21b 二维码扫描后呈现出的内衣画面

**案例:沃达丰虚拟书店**

广告主:沃达丰(罗马尼亚)

挑战:沃达丰已在罗马尼亚投入5亿欧元进行数字网络基础搭建服务,如何让民众体验新一代移动网络服务?

创意:利用二维码创造一个虚拟书店

执行:沃达丰在地铁站、咖啡厅、商场等所贴上印有书架模样的海报,把平面墙装扮成虚拟的书架(如图1-22),每本书的下方都有一个二维码。

图 1-22a  沃达丰虚拟书店

图 1-22b  沃达丰虚拟书店

用户利用手机扫描二维码即可免费获得电子图书。用户可以在移动设备上阅读，也可以直接链接到在线书店并进行购买。

营销也是一个环境媒体创意作品。在公共场合，大型的布置一定会吸引公众眼球，让其本身变成了一个话题。该创意开启了虚拟书店的先河，得到媒体大量的免费报道。该案例也为零售业者提供了思路，即某些实物商品可以通过这种虚拟的方式将商店"平面化"，开到任何公共场所。

### 案例：HomePlus 虚拟超市

图 1-23a  虚拟超市的效果图

广告主：韩国 HomePlus（超市连锁店）
问题：在不扩大门店数量的情况下如何才能提升销售量呢？
创意：创建二维码虚拟商店
执行：创意人员把产品根据货架的摆放形式，直接制成同比例大小的海报，张贴到地铁的墙面上。每件产品下面都有一个独特的二维码。用户若想购买商品，只需要扫描二维码，就可以直接进入电子商务页面（如图 1-23）。

图 1-23b  路人在扫描虚拟商品上的二维码

该案例真正将传统的户外广告与电子商务结合在一起，将线上广告和线下促销无缝连接。随后中国电商"1 号店"也在上海地铁投放了类似的虚拟超市户外广告，收获颇丰。这些虚拟超市将在未来成为常态。

## 四、总结：从一见钟情到日久生情

二维码是一种图形识别技术，是物与机器之间对话的符号。它是将现实世界和虚拟世界连接起来的一个桥梁，打通线上和线下的关系。如何围绕二维码开展广告创意，可以从两个方面进行思考。一是二维码本身的呈现方式，以平面构成、不同材质、品牌形象、装置艺术、行为艺术等艺术的方法来创意发想；二是要考虑扫描二维码之后的内容创新，扫描之后如何满足消费者的期望？如何为消费者带来更好的感官体验？如何引导消费者进入购买行为，这些都是我们在创意时需要思考的问题。

最后，需要领悟的是，基于二维码的广告创意，虽然是一种新的形式，但是也要回归传统的广告原理，为表达广告诉求服务。好创意能吸引消费者兴趣，激发人们参与的热情，让消费者体验到产品或品牌的理念，让消费者得到利益。好创意会成为一个话题，让人们口口相传。

别以为在广告上贴个二维码就是二维码广告创意。二维码是一个暂时的形式，创意内容才最关键。当图形识别技术普及之后，人与物之间的信息交流没有障碍，广告主与消费者之间交流没有障碍。真正打动人心的还是内容本身，满足消费者的真实需求永远都最重要。

### 创意训练题：

1. 运用平面构成原理，为你自己创作一个独特的二维码。
2. 选择20个知名品牌，为其创作能体现其品牌个性的二维码，并设计成广告海报。
3. 创作一件二维码装置艺术，考虑使用独特的材质和呈现的时机、扫描之后的互动。
4. 进行一次呈现二维码的行为艺术，并用影像记录下全过程。
5. 搜索更多图像识别技术，并展开想象，预测未来将会如何影响品牌传播？
6. 请重新思考 AIDMA 理论，在移动互联网时代，你还能增加消费者的哪些心理或行为过程？

第二章

# 定位服务与移动营销：
# 虚实游戏

## 一、定位服务与移动营销

### 1. GPS 与定位服务（LBS）

GPS 是英文 Global Positioning System（全球定位系统）的简称，主要是指利用 GPS 定位卫星，在全球范围内进行实时定位、导航的系统。可以说，GPS 是最早的定位服务系统，它主要用于军事、国防和电视信号等领域，民用方面的应用比较少。

定位服务，英文缩写为 LBS，英文全称 Location Based Services，字面翻译为"基于定位的各种服务"，是指通过电信移动运营商的无线通信网络（移动互联网与移动设备）或外部定位（如 GPS）方式，获取移动设备的位置信息，即使用者的位置信息，然后为用户提供相应的服务。一个人只要随身携带智能终端设备（如手机、平板电脑等）并且保持信号通畅，系统就可以知道他的确切位置。同时，他也可以打开地图，看到自己所在的位置。

在移动互联网时代，定位服务已成为移动智能终端的标准配置，哪里有移动终端，哪里就能发生定位服务。

### 2. 定位服务的主要应用

（1）地图导航

主要适用于汽车出行，或是人们在陌生的地方出行，主要有谷歌地图、百度地图、高德地图等品牌。正如高德地图在广告中的口号：让生活更有"位"道，提供位置信息成为地图导航最主要的功能，虽然这项功能是免费的，但随之带来的定位和推送功能就能产生附加价值。

（2）搜索救援

如发生意外情况，搜救工作可以借助定位技术，迅速到达目标地点。2013 年 4 月 20 日，中国四川雅安地震，牵动全国人民的心。百度地图即在第一时间发起"灾区网友位置信息标注报平安"、雅安路况信息查询、加油站、输血点标注等服务。百度地图还针对雅安芦山县周边道路、交通状况进行快速更新，将灾区附近的高速、国道等最新受损、中断路况进行及时标注，让参与救援的医疗、武警、军队及社会车辆，能在最短的时间内赶到灾区，将灾区急需的药品、粮食、帐篷送到需要的人手中。百度地图在雅安地震期间的横幅栏文案：你在哪里？让我们找到你！让定位服务成为灾区救援中的一股中坚力量。

（3）签到（check-in）及推送

这主要指商业用途，商家可根据移动终端的位置，推送有关餐饮、购物的服务。曾红极一时的签到类手机应用"Foursquare"和"街旁"，便是专业提供签到服务的公司。只要用户利用定位服务在指定时间、指定地点、指定次数签到，即可获得奖励。这类签到服务现在被几乎所有移动应用软件都设计成基本功能，所以专门的签到软件也就逐渐示弱或消亡。

（4）线上线下（O2O）互动模式

"O2O"全称 Online To Offline，或是 Offline To Online，通常被称为线上线下互动模式，最初是一种电子商务模式，区别于传统的 B2C、B2B、C2C 等电子商务模式。O2O 就是把线上的消费者带到现实的商店中去：在线支付线下商品、服务，再到线下去享受服务。或是把线下的消费者带到线上去，让他们注册网站会员，在线交流，提供售后服务等。

现在 O2O 的概念不仅仅适用于电子商务，已经成为移动互联网的标准生活模式，呈现一种现实世界与网络世界相互切换的世界。我们已经不难理解这种情形：当你在看微博、私信好友时，你是在线上；但当你用微博组织好友，形成现实中的聚会活动，那就从线上到线下。未来的生活模式，是线上线下交融在一起的状态。

### 3. 基于定位服务的移动营销

创意人员主要利用移动终端的定位功能，设计各种各样竞赛、游戏类广告活动，让消费者们一同参与。广告活动将线上与线下的活动结合起来，移动设备是消费者在线上与线下切换的工具，广告信息通过这类活动得到传递。

通常，基于定位服务的广告必须借助一个移动 APP 来进行，一般有两种方式：
（1）借助现有的媒体类 APP

借助如 Facebook、Twitter、微博、微信、Foursquare、街旁之类的 APP，它们本身具有广泛的用户和实用的功能，广告主可以借用这些 APP 来开展自己的广告活动。这个方法比较节省预算，但需要前期与软件方进行有效沟通，可能还需要一些必要的授权和技术支持，这些服务可能都是有偿的。

（2）品牌原创 APP

品牌专门开发一款基于定位服务的活动型 APP。自己开发的 APP 自主性比较高，广告主不依赖于第三方软件公司，可以实时掌控整个 APP 的设计、制作和使用过程。广告活动型 APP 通常是短期的，与广告活动配套推广，做完活动也即完成使命。但有些活动型 APP 也可被改造成长期的品牌服务型 APP。比如耐克公司的"Nike Plus"APP，原本只是为推销旗下跑步鞋而设计的一个活动型 APP，但由于其空前成功，受到追捧，耐克便将其发展成为品牌长期服务型 APP。品牌原创型 APP 的研发费用会比较大，而且 APP 自身的推广也需要其他广告手段的支持。

## 二、消费者短期参与的游戏

定位服务将人们手中的移动设备变成了一个定位点。在营销中，**每个消费者就是一颗棋子，创意人员要设计的是整个棋盘和游戏规则**。营销活动线上线下同步进行，不再有明显的线上线下活动之分。

### 1. 简单签到式游戏

签到是定位服务最早用于商业领域探索的模式，就是利用移动设备的定位技术，让用户在到达某处的同时触发移动设备上的签到功能，告知系统自己已经到达这个地点，然后再换来一些奖励的一种商业模式。最早出现于"Foursquare"、"街旁"等移动互联网公司。虽然专业的签到公司风光不再，但是利用签到营销人员依然可以引导消费者参与活动，从而达成营销目的。

图 2-1a　此活动引起电视媒体报道的截图

图 2-1b　学生们兴奋地拿着礼物

图 2-2a　签到即得猫粮狗粮的海报

图 2-2b　签到后，猫粮狗粮从下方的出口倒出

图 2-3a　"Getaway Stockholm"宣传页面

图 2-3b　地图模式下的抢车人

### 案例：纽约教育局"百万学生赠手机"案例（如图 2-1）

代理方：Droga5's

广告主：纽约教育局

挑战：纽约有近一百万的学生，而其中将近 37% 的人无法毕业（因成绩差、旷课等）。纽约教育局要让学生对学习重视起来，但又不想太过于说教。如何催促这些年轻学生改变学习态度？

创意：送学生一部手机，让他们免费使用并赠送话费，交换条件就是需要学生准时上课并用手机签到。

执行：纽约教育局联合了 Verizon（美国第二大无线运营公司）和 Samsung（三星公司），提供免费的手机以及免费的话费。学生每领一个手机，每个移动卡号里都有初始积分 100 万点，学生可以通过这个兑换，免费拨打电话、收发短信、下载流量等；那么，学生如何通过手机挣得积分呢？学生开启这部手机，进入课堂，然后利用定位功能，进行上课签到。同时，老师可以结合电脑对学生的作业进行打分、点名等，同步学生的积分。当然，普通手机也可以申请账号，但是需具备定位服务功能。

效果：学生的上座率提高了，各个大学纷纷加入这个项目。而对于运营和手机商来说，独家赞助活动提高了知名度，也促进相关产品的销售。

### 案例：签到即送狗粮猫粮（如图 2-2）

广告主：Granata Pet（猫粮狗粮品牌）

创意：签到即得猫粮狗粮

执行：在街头发布一款广告海报，并在下方设计一个出口，只要用户使用手机定位功能在此签到并填写相关信息，出口就会送出一堆狗粮或猫粮。

　　签到是一种最简单直接的游戏方式。签到让参与者必须在一个规定的时间、规定的地点出现。参与者的空间存在才能激发奖惩机制。签到让参与者感同身受。

## 2. 定向寻宝式游戏

　　营销人员运用定位技术策划大型真人活动。他们发布任务，让消费者相互竞赛，谁先找到目标，谁就是赢家。

### 案例：Mini Cooper 虚拟抢车营销活动（如图 2-3）

广告主：Mini Cooper Countryman 车型

挑战：如何为其最新款的四门、四驱 Countryman 车型做新品推广？

创意：利用手机定位技术和增强现实技术，让消费者进行虚拟抢车竞赛。

执行：他们开发了一款"Getaway Stockholom（逃离斯德哥尔摩）"的 APP。玩家下载之后，通过软件上地图的定位功能，就可以看到自己和虚拟 Mini 车的距离。用户需要跑过去，并"抓住"这辆虚拟车（当接近汽车 500 米时，点击游戏软件上面的抓住按钮）。当用户"抓住"这辆车之后，如果有其他玩家也跑过来抢，自己就要跑得越远越好。如果一个人能连续持有这辆虚拟车超过一周的话，他就能获得一辆真的 Mini Cooper Countryman。

效果：在参加这次活动的玩家中，大约每人的平均持有虚拟车5小时6分钟，参与"抢夺"的玩家来自90个国家。瑞典国内，在游戏结束后的首季度，Mini的销量上涨了108%，可谓一举多得。

这个游戏非常巧妙地把品牌、新产品营销活动和定位服务结合在一起，同时运用增强现实技术（AR）展示了虚拟车辆。活动创设了一项竞争机制，设置奖励诱惑制造紧缺感，让参与者以"抢夺"的方式来获得奖励。丰厚的奖品是吸引人们积极参与的诱因。最后，营销获得了空前的成功，新品汽车被大多数人知晓，活动本身也成为人们街头巷尾议论的话题。

图 2-4a　Urban Dash 活动 APP

图 2-4b　虚拟警棍

**案例：纽巴伦抢警棍活动（如图 2-4）**

广告主：纽巴伦（New Balance），美国跑步鞋品牌，以"总统的慢跑鞋"著称。

挑战：一家新的旗舰店在纽约开业了，品牌希望用一个独特的方式让大家跑起来。

创意：设计一场需要全民跑步的虚拟竞赛类游戏。

执行：创意人员设计了一个名为"Urban Dash"的活动型 APP。玩家需要事先下载一个活动专属的手机 APP。工作人员在纽约城中20个角落放置了20根虚拟的警棍。登录手机应用，玩家就能收到即时任务。收到讯息的参与者要立刻跑去虚拟警棍点，完成手机签到。获得警棍后，他必须再跑步至下一个目标点，顺利跑完的用户才能获得奖励。送达的获胜者有机会赢得限量版纽巴伦的球鞋一双，另外还有机会获得14K纯金的警棍一支，价值两万美元。

效果：历经四星期的比拼，总共有1000名参赛者，记录了14000英里，平均每个选手都跑了2小时10分钟，每个警棍平均被偷了4.5次。

活动规则比较简单，活动充分与纽巴伦跑步鞋产品特点相结合。消费者参与过程就是产品体验的过程。有了奖励的诱惑，人们的参与度就会很高。如果品牌将此活动拓展为长期由品牌主导的赛事活动，复制该模式，也不失为一个可持续的营销方案。

### 3. 大富翁式游戏

大富翁游戏是英国孩子宝（Hasbro）的一款主打游戏。至今已有80多年历史。它是一种模拟现实生活，主要以土地建设和房地产经营为核心的经营类游戏。发展至今已经有棋牌类、电子游戏、网络游戏、手机游戏等多种版本。在移动互联网时代，基于定位技术和增强现实技术，大富翁游戏从虚拟走到现实，线上线下同步进行。

图 2-5a　大富翁在线游戏的官方网站

图 2-5b　大富翁在线游戏的官方出租车，每辆车上都有定位导航系统

**案例：现实版的大富翁游戏（如图 2-5）**

广告主：英国孩子宝（Hasbro）

挑战：孩子宝（Hasbro）公司为了庆祝旗下的大富翁（Monoploy）棋盘类游戏诞生70周年（2005年），推出了一款"Here & Now"（这里和现在）的版本。此版本根据当今伦敦的变化，更新了传统游戏中的一些

卡片模式。在电子游戏充斥着桌面的今天，如何让消费者对这款新的游戏感兴趣呢？

创意：运用手机定位服务让全英国人都可以参与的线上线下互动游戏。

执行：营销人员把整个伦敦城当作一个大富翁的"棋盘"，然后让指定的红黑色伦敦出租车装上定位系统，作为大富翁游戏中的棋子。工作人员在伦敦不同的地标设置不同的信号，出租车一旦驶入这些区域，就相当于到达了棋盘上的某一格，就会像大富翁的实物棋盘一样启动某种功能，司机可以买卖房产，或使用一些道具。所有信息都会在大富翁的官网上进行实时发布。每局游戏持续24小时，整个活动持续了4周。每个英国人都可以选择一辆车作为自己的棋子，参与到了这个活动中，一旦选对了一辆车，这辆车在游戏中表现很好，孩子宝公司每天都会直接给予参与者奖励。

这个活动事先通过平面、电视、广播和互联网传播出去，提前预热活动。在实际进行中，大多数伦敦人都怀着好奇心参与到活动中。

效果：大约有一百万人观看了在线视频，大约有20多万人参与了此次活动，平均每人至少"持有"某辆出租车三天。大富翁成为2005年世界上销量最好的桌面游戏，相当于往年销售额上涨450%。事实上，孩子宝公司在圣诞节前两周就把库存销售一空。另外这个活动也为孩子宝公司带来了100000个客户关系管理（CRM）数据。另外，孩子宝公司还从移动公司的短信中获得利益分红。这次的营销活动大获成功，让孩子宝公司在其他六个地区市场也推广了大富翁游戏在线活动。真正让此次广告战役成功之处还在于媒体和消费者蜂拥而至，积极参与，成了一个街头巷尾、线上线下谈论的事件。

需要强调一下的是，这个案例是发生在2005年。当时使用定位服务的手机，还不是智能手机，活动参与是通过短信来实现的。也许当时还不能称之为"移动营销"，但是其思维却是属于移动互联网时代的。

在2012年，大富翁基于Foursquare开发了一款现实版大富翁游戏。和大富翁的游戏规则一样，用户可以购买大厦，收取佣金（用户在其他人购买的大厦签到就会给大厦主人付租金）。游戏把现实世界的商家和大厦加入了虚拟购买的列表，比如：你可以在星巴克门店签到并虚拟购买店铺，而如果别人已经购买，你则不得不支付租金。同理，你可以买卖城市中大多数著名的建筑，就像在大富翁的棋盘上买卖一样。

现在的人们已经能很好地理解大富翁品牌在2005年时在伦敦举办的这个营销活动。传统的棋牌类游戏和电子游戏本就是把现实世界浓缩化，模拟现实世界的规则，然后到"虚拟世界"里展开游戏。而现在的移动互联网技术，使得这些模拟现实的虚拟游戏，返回到现实层面，使得游戏在现实世界与虚拟世界之间来回穿梭、游刃有余。现实游戏与虚拟游戏的边界越来越模糊。

## 三、为人们提供长期服务

相对于利用定位技术做短期的广告活动，品牌还能利用移动设备的导航功能，为消费者设计专门的APP，为消费者提供某种与品牌本身有关的、实实在在的服务，消费者在使用过程中会对品牌产生好感。品牌提供附加产品或服务，也是一种潜在的广告行为。

## 1. 导游与导览

定位服务的基本功能就是导航。如果在旅途中,移动设备能导航,又能做导游,岂不是一箭双雕?

图 2-6a 奥迪 GPS 地图模式

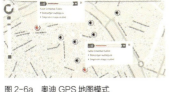

图 2-6b 奥迪 GPS 语音模式

**案例:奥迪西班牙导游 APP(图 2-6)**

广告主:奥迪

挑战:西班牙是旅游大国,境内多个城市都有著名旅游景点,但是景点分散,通常需要驾车才方便出行。

创意:利用定位功能为用户提供景点导游的服务。

执行:他们专门设计并制作了一款名为"Audi Geo Positioned Stories"(奥迪地理定位故事)的移动 APP。此程序可以事先安装在车内导航仪或是手机、平板电脑上。当用户开车到特定的地点,那么车内的导航仪,或是你的手机上,就可以自动播放当前景点的故事。除了触发"景点介绍"功能之外,奥迪也把这些旅游景点串联成一条条的旅行路线,供车主们选择。该项目包括西班牙的八大旅游城市,1000 多个景点故事供消费者使用。

从这个案例中我们发现,奥迪不仅仅把自己定位成一个汽车品牌,而是一个出行服务品牌。旅行是汽车出行一个非常重要的功能,奥迪华丽转身,不但为你导航旅行路线,还为你介绍景点故事,活生生就是一副专业导游的姿态。而且,如果你不是奥迪汽车用户,也可以通过活动网站下载应用程序,奥迪免费为所有人提供这个导游服务。品牌用贴心的服务先帮助你,你就会对这个品牌心存好感,这也是一种品牌营销方式。

图 2-7a 地图模式的截图

图 2-7b 现场模式的截图

**案例:伦敦街头虚拟博物馆**

广告主:伦敦博物馆(The Museum of London)

代理:兄弟姐妹(Brothers and Sisters)

挑战:博物馆是人们在工作之余学习各种知识、提高自身修养的好去处。但你有没有想过,自己身处的整座城市其实就是一座庞大的博物馆呢?如何让忙碌的人们在生活中随时可以看到城市的历史,又不会太枯燥?

创意:利用定位技术和增强现实(AR)技术,将整座城市变成一座虚拟的博物馆。

执行:由伦敦博物馆和技术公司开发了一款 APP,能通过手机摄像头,将城市中某个场景变成历史上的场景,并提供文字介绍,让人们在实景中了解此地的历史。有两种方式"参观"博物馆。一是地图模式,APP 首先会计算你在城市里的位置,然后打开一张显示有你的位置的地图,并在其中标明你在哪里可以看到虚拟的历史场景。轻触一个标签就会打开新的窗口:显示伦敦大桥和冰冻的泰晤士河上的历史场景,又或是那动荡的 19 世纪 60 年代的卡纳比大街的情景。二是现场模式,当你站在真实的地点,点击摄像头按钮,APP 就会用历史上的图片覆盖到现场看到的真实场景上,文字信息也随之显现,你就可以看到一次数字化的时光之旅。

现实与虚拟的互动，让我们能多维度地体验到城市的历史积淀。这比教科书上的内容更生动，因为你在现场，能够从视觉、听觉、嗅觉等各种器官感受到历史上的现场，相信这样的体验是无可复制的。

再往远处想，我们设想一下：从现在开始，每个人都分享、贡献自己周边的环境，包括图片、声音、视频等，这些数据都存储于某个"博物馆"的数据库中。未来的人，拿起手机就可以查看当前位置在历史上发生的一切。这类公益类 APP 当前还比较少，但未来会越来越多。

## 2. 健身运动教练

定位除了应用于车辆的出行，也能用于体育锻炼。耐克 Nike Plus APP 就是为跑步者而开发的一款导航产品，除了规划路线外，还能记录、分析运动数据并给出健康计划。这类 APP 在运动品牌中十分常见。在人手一机的时代，手机作为随行的健身教练，为个人进行一对一的辅导。

**案例：发现非计数式慢跑的乐趣（图 2-8）**

广告主：PUMA（彪马）

代理方：李奥贝纳（东京）

挑战：一般来说，酷跑类 APP 会记录下各种各样的数据，时间、历程、心率等，但是消费者不是专业运动员，知道这些数据的意义究竟有多大？他们又是否喜欢这样计数式的慢跑？消费者需要的是更有乐趣的慢跑体验，根据李奥贝纳东京的调研，不少人已经厌倦了在同一路线上不停地往返，所以 PUMA 决定推出提供导航功能，如何根据用户喜好推荐慢跑路线并带给他们更多乐趣。

创意：通过对 APP 简单的改变带给消费者更多跑步的乐趣。

执行：创意人员开发了一跨"PUMA RUN NAVI"的移动 APP。在使用 APP 时，用户需要设置"今日想要跑多少米"和"想在哪个区域跑"，程序就会帮用户设计出一条新颖的慢跑路径。比如你今天跑步距离是 10 公里，选择靠近公园，接下来 APP 就会自动为你规划出在公园附近跑的路线。程序还可以实时定位，以语音方式提供用户跑步时的导航服务。同时，程序还会察觉到用户跑步的极限，适时用语音给你加油打气。程序还与移动社交平台分享信息，用户可以在路过美丽风景的路上拍照并分享，让社区中的跑步同伴看到；或者当你与共同使用该程序的慢跑者擦肩而过时，程序也会发出语音信息，告诉你对方是谁。

效果：该 APP 在上架的前三周，收获 10 万次下载，并排在当地同类别 APP 排行榜下载量首位。

图 2-8a "PUMA RUN NAVI"中选择公里数

图 2-8b "PUMA RUN NAVI"中选择公里数

跑步中的专业指导工作可由移动设备来承担。除了为跑步而跑步以外，是否还能加入更多有趣的功能，比如社交功能，导游功能，商务功能，这些都是未来定位服务可以想象的空间。

## 3. 人际间协作

**案例："Radar For Good（助人雷达）"APP（图 2-9）**

广告主：可口可乐

挑战：可口可乐全球开展了"Crazy for Good（助人为乐）"的公益项目，每个地区市场都要结合自身情况开展相应的助人为乐活动。

创意：开发一款基于定位服务的助人软件。

图 2-9a 助人雷达 APP

图 2-9b　助人雷达搜索周边求助人

图 2-9c　好心人在搀扶老奶奶

执行：可口可乐（罗马尼亚）公司开发了一款名为"Radar For Good（助人雷达）"的手机 APP。它是基于定位服务，让用户主动搜索周围需要帮助的人，并亲自赶到现场提供帮助的公益软件。用户下载 APP 后，扫描周围区域，查看需要帮助的人（在地图上以红点显示）。用户可以点开红点标记，并详细查看发出者具体请求。如某位老人需要陪同去超市；某位残疾人需要帮助搬运家具。如果你有意向帮助他，你就可以点开一旁的联系方式，与其联络，并根据地图导航，赶到碰面的地点，实际帮助他。

定位服务的特别之处在于它能减少人们对空间的不确定性的恐惧。定位服务由来之初是救援行动中的基础设备。定位服务具有很强的公益性，就如同空气和水一样，是每个人可以获得的公共资源。基于定位服务的各类应用如果不是急于一时的效果，理论上都能成为一种公共服务资源。

## 四、总结：虚实结合、长效服务

　　本章中，我们了解了定位技术的由来和其主要应用。定位服务已成为大众 APP，我们可以与之合作来展开营销，也可以专门设计一款 APP。我们可以从签到类游戏、寻宝类游戏、大富翁游戏、真人秀电视节目等中找到灵感。

　　基于定位服务的广告创意通常需要广告主自主开发一款 APP。如果创意够好，APP 完全可以演变成一款移动互联网的日常应用 APP。定位服务与导游、导览、运动、健康人际协作都息息相关。广告主通过品牌 APP 来与消费者保持良好关系。

　　为了做好基于定位服务的广告活动，我们必须明确规则、提供奖励刺激。如果从长远角度来考虑，我们还可以将基于定位服务的广告活动延伸成为品牌并为消费者提供长期服务，服务本身就是一种广告手段。基于定位服务的广告活动从消费者猎奇变成消费者习以为常的事物。创意需要真正关切消费者的需求。从公益的角度想创意，抛弃功利心。

　　定位服务创造了线上线下交织在一起的生活画面，营销需将这虚拟和现实世界交融在一起，传递一种生活方式。

**创意训练题：**

1. 如何利用签到来宣传某个公益理念？请设计一个签到类公益活动。
2. 利用"微信"平台的"签到"、"定位"、"摇一摇"等功能来设计一款真人游戏，让你的朋友们一起参与。游戏最好持续一周时间，规则、奖惩自定。
3. 结合定位服务，挑选一个博物馆，为其设计一款 APP。
4. 想象一下未来的汽车车载系统，除了导航功能外还可以植入哪些功能？
5. 现有的手机健身类程序有哪些，比较一下他们的优缺点。想象一下未来还可能增加哪些功能？

第三章
# 近场通信技术与移动营销：
# 机有灵犀

# 一、近场通信技术与移动营销

## 1. 广义上的近场通信技术

近场通信技术的概念不新，广义上可指设备间相互传递信号的技术。如我们熟悉的红外线、蓝牙，其实都是近场通信技术的早期形式。

红外线（Infrared Ray）是一种运用波长来控制信号的技术，普及到千家万户的电视机遥控器就是我们熟悉的应用。肉眼看不到红外光线，但是我们常用的相机、手机等等拍摄设备的感光元件可以感应红外光线。

蓝牙（Bluetooth），是一种支持设备短距离通信（一般10米内）的无线电技术，能在包括移动电话、PDA、无线耳机、笔记本电脑、相关外设等众多设备之间进行无线信息交换。利用"蓝牙"技术，我们能够有效地简化移动通信终端设备之间的连接，也能够成功地简化设备与因特网之间的连接，从而使数据传输变得更加高效。

IC卡（Integrated Circuit Card，集成电路卡），也称智能卡（Smart card）、微电路卡（Microcircuit card）或微芯片卡等。它主要用于公共交通的公交卡、地铁卡，收取停车费的停车卡等，它的特点是信息安全、便于携带、拥有比较完善的标准化技术等。

## 2. 狭义上的近场通信技术

（1）近场通信技术（NFC）

"近场通信技术"被系统地提出，即"NFC"，Near Field Communication的缩写，它是一种近距离的高频无线通信技术。它的可用距离约为10厘米，可以实现电子身份识别或者数据传输，比如信用卡、门禁卡等功能。早期借助这项技术，用户可以用手机替代公交卡、银行卡、员工卡、门禁卡、会员卡等非接触式智能卡，还能轻松地读取广告牌上附带的RFID标签信息。近场通信技术应用相当广泛，我们生活中各种习以为常的地方都有NFC的身影。

（2）无线射频识别（RFID）

无线射频识别（RFID）是与NFC技术配合使用的技术，是Radio Frequency Identification的缩写，又称电子标签、无线射频识别，是一种通信技术的基础设备，可通过无线电讯号识别特定目标并读写相关数据，而无需识别系统与特定目标之间建立机械或光学接触。RFID技术现在渐渐被用于医院、食品温度检测等，比如儿童体温检测。通常孩子们会害怕大人使用体温计，而使用RFID贴片就很容易先给孩子贴上，再通过无线设备来读取孩子的体温数据。

如果说NFC是一套技术标准，那么RFID是标准得以实现的硬件。通常，我们说NFC，指的是整体系统，而RFID，主要指的是电子标签这个硬件。这两个名称存在混淆使用的情况。

（3）NFC和RFID的优势

从广义上来看，几种近场通信技术在技术标准上有所差异，比如安全性，数据的指向性、信息传递的距离和是否使用电力等。红外线、蓝牙技术需要人主动去连接，而NFC和RFID不需要人主动连接，这就让机器间的交流脱离人的参与而存在。这个特点，使得物与物、物与机器之间的信息交流更加直接。两个没有生命的物体之间也能交流信息。人作为旁观者出现。本文所指的近场通信技术主要是 NFC 和 RFID。

### 3. 近场通信的三种应用模式

（1）IC 卡应用模式

这个模式相当于把移动设备做成一张 IC 卡，可以替代现在大量的 IC 卡场合，如银行卡刷卡、公交卡、门禁卡、停车卡、门票等。具备 NFC 功能的手机加上支付软件，就可以实现公交车刷卡功能。安装支付宝付款感应装置的就可以使用手机支付。

另外，原本的公交卡也可以用手机来充值。两者本质一样，都是将一个 NFC 设备设置为读卡模式，只要另一个 NFC 设备靠近时，就可以执行支付或充值的命令。

（2）点对点应用模式

将两个具备 NFC 功能的设备链接，能实现数据点对点传输，如交换名片、交换音乐、交换图片或者同步信息等。只要两个手机都具备 NFC 功能，它们之间就可以交换各类信息。蓝牙技术主要功能也在于此。

（3）发射信号器应用模式

把具备 RFID 的设备作为发射信号器，不间断地发射设置好的信号，只要其他具有 NFC 技术的移动设备靠近，就可以向其发送信息。比如将广告海报制成发射信号器，手机接近时，广告海报就可以发送相关广告信息。

### 4. 物联网与移动营销

近场通信技术最终会趋向同一，就如同二维码技术，形成全球统一的标准。近场通信技术的终极目标是**物体模仿人类之间相互交流的语言标准，能够让物体之间、物与机器、机器之间不需要人类参与，而直接进行表情达意的传播活动**。

如果近场通信技术普及，我们可以想象的是：以后不仅仅是人带有定位功能，所有物品也带有定位功能，这就是物联网的概念。顾名思义，物联网就是物物相连的互联网，其用户端延伸和扩展到了任何物品与物品之间，进行信息交换和通信。

由主要连接人类的互联网到连接人与物、物与物的物联网，最终到互联网和物联网交织成一个网络，将人、物与机器相连，构成一个物质世界与信息世界相互交融的系统。

如果移动设备能够像一个自动过滤器，为拥有它的主人自动接受和过滤信息，那么信息传输就可以绕过人的主观意识。广告信息通过移动设备进行传递，由移动设备再影响人的认知。人类的懒惰将促使近场通信技术的应用。

## 二、基于近场通信技术的移动营销

### 1. 适时适地推送

将广告信息通过一个信号发射器持续发送给范围之内的移动设备。其本质是传统散发广告传单的思维，只是将其虚拟化，把范围之内的移动设备作为接收信息的终点。通常，这样推送的信息要与环境相吻合，不然容易引起用户的反感。

### 案例：好乐门蛋黄酱推送菜谱（如图 3-1）

营销主：好乐门（Hellmann）蛋黄酱

代理方：Cubo CC

挑战：好乐门蛋黄酱是一种调味油，可浇在色拉、海鲜上，或浇在米饭上食用，或涂抹在面包上，也可作为炒菜用油及汤类调味料，但消费者通常只用于搭配三明治和色拉食用。如何教育消费者在更多菜品中使用好乐门蛋黄酱？

创意：开发一套系统，利用 RFID 技术推送广告信息，教育消费者如何使用蛋黄酱做出美食。

执行：首先，创意人员在超市的购物手推车上安装能接收无线信号的平板电脑，它们被称作"Hellmann's Recipe Cart"（好乐门菜谱手推车）。然后，他们在食品货架上放置 RFID 芯片，这些芯片粘贴在被做成好乐门蛋黄酱瓶子形状的纸牌背后。当购物者推车到达食品展柜附近时，手推车上的平板电脑上就会弹出一段视频教程，显示该类食品与好乐门蛋黄酱结合能做出一道怎样的美食。

效果：一些购物者在看过视频之后，就有了购买蛋黄酱的冲动。45000人体验了这次活动，几千份菜单被放出，蛋黄酱的销售额增长了 60%。

图 3-1a　超市手推车上的平板电脑中，正在显示菜谱视频

图 3-1b　放在食品货架上的设计成好乐门蛋黄酱的 POP 广告，内置 RFID 芯片

人们在超市购物时，通常具有盲目性和冲动性。如果突然收到提示，而且又能提供有用的信息，那么人们就能愉快地作出购买决策。我们都幻想着走到哪都能吃到自己母亲亲手做的菜，哪怕是告诉你买了这些食材能做成一道什么菜。对于生活经验并不丰富的年轻人，对于天天要为家人做饭而费尽心思的家庭主妇，这个贴心的服务就如同母亲的关怀。

## 2. 互动户外广告

装有近场通信技术的户外广告能够接收移动设备的信号，一旦收到即刻执行某项命令。消费者可通过移动设备激活广告信息，甚至能够自定义其中的部分内容。一旦消费者进入这个范围，广告信息必须直接吸引消费者注意，最好呈现立竿见影的效果。

### 案例：自定义广告牌（如图 3-2）

营销主：可口可乐

代理方：GefenTeam

挑战：可口可乐"Share coke with …"（与某人一起分享可乐）的广告战役已经在全球范围内有效地开展，最有名的当属个性标签的活动。可口可乐近年来的创意策略重点都放在把"个性化定制"的权利交给普通消费者，让他们在互动过程中获得良好体验。如何延续这样的创意思路，在户外广告牌上玩出新花样？

创意：利用近场通信技术，让用户使用移动设备自定义户外广告牌。

执行：首先消费者需要下载一个专用的移动应用程序，下载后用户可以提交自己的姓名给官方网站。接着，只要用户带着这个手机接近广告牌的时候，广告牌附近的检测装置就能检测到手机信号，并把带有此用户名字的信息发送到广告牌上。如用户先提交"Joe"到官方网站，当手机经过广告牌时，广告牌上就会显示："Enjoy Cocacola with Joe！"

图 3-2a　体验者用手机先编写自己的姓名发送给官方账号

图 3-2b　手机经过地点时，姓名会反应在广告牌上

商家最清楚，人都是自恋的。让普通人的名字登上可口可乐的户外广告牌，满足了人们的自恋心。未来消费者可能喜欢这种个性化定制的互动体验。

近场通信技术为这类创意提供了技术支持，我们可以想象，每一个移动设备都是一个触发信息的装置。只要营销主肯花心思洞察消费者的内在需求，然后利用技术手段将其转化成实际行动，在对的时间和空间呈现对的内容，那么营销主与消费者之间的距离并不是那么遥远。

图 3-3a　三星户外广告："我有一首歌给你"

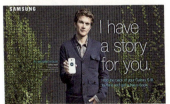

图 3-3b　三星户外广告："我有一个故事给你"

图 3-3c　路人用手机接收户外广告上的歌曲

**案例：海报互动传歌（如图 3-3）**

营销主：三星（Samsung）Galaxy S3 手机

代理方：Cheil（加拿大）

挑战：三星手机 Galaxy S3 配备"S Beam"技术，是一种通过 NFC 进行配对传输文件的技术。该技术能实现视频、音乐、图片快速传送，真正实现无时无刻不在分享的理念。如何让消费者了解"S Beam"技术并对 S3 产生购买意愿？

创意：让消费者在户外广告牌上直接体验"S Beam"技术。

执行：营销人员设计了一系列户外广告，在海报中邀请用户使用手机来下载音乐。画面中一位歌者手握手机，文案发出邀请："我有一首歌送给你"。如果用户有三星手机（配置了 S Beam 功能），即可激活"S Beam"功能进行下载。同时，三星也制作了线下互动装置，可让用户选歌并下载。

利用近场通信技术，营销主能与消费者直接交换数据信息。这类技术特别适合提供数码类、虚拟类产品的公司，比如电影、音乐、数码类产品的公司。改造传统户外媒体，吸引消费者与之亲密接触，交换信息，进行互动。新技术使得虚拟产品也能方便地试用。

图 3-4a　地铁内的书架海报

图 3-4b　使用手机读取电子书

**案例：纽约地下图书馆（如图 3-4）**

营销主：纽约公共图书馆

代理方：迈阿密广告学院

挑战：纽约地铁里没有手机信号，即使有信号也很微弱。如何利用这漫漫的地下旅程，让乘客们打发时间，顺便推广"爱上阅读"的理念？

创意：利用 NFC 技术，让乘客用手机获取虚拟电子书阅读。

执行：创意人员推出了"Underground Library"（地下图书馆）项目。利用地铁内的广告位张贴印有书架图样的广告画面，并植入 NFC 芯片。乘客在没有信号的空间内，可以通过手机靠近广告上的图书封面，获取包含该书 10 页内容的试读内容。当你看完 10 页，翻到最后一页时，地图软件就会自动弹出，告诉你最近的公共图书馆的位置，方便读者前往借阅。

在移动数据信号不足的地方，NFC 有了用武之地。NFC 的特点就是能够不借助数据信号，这个特点在一些特殊场合，比如地铁、密闭的电梯里、信号未普及的地区尤为重要。用户能立即与广告信息产生互动。

### 3. 现场讲故事

好的营销就是要在一个对的时间，对的地点与对的人讲一个对的故事。讲故事的方法有很多，但打动人的故事都会发生在一个特殊的环境下。借助近场通信技术，营销人员可以无声无息地为消费者讲故事。他们可以将故事藏匿于无线信号中，让消费者主动去发现，在特定的场景中进行叙事。

图3-5 哈雷摩托车红外线广告

**案例：哈雷摩托车红外线广告（如图3-5）**

营销主：哈雷（Harley-Davidson）摩托车

代理方：扬罗比凯（Y&R）

挑战：哈雷公司发现，如果路人看到停在路边的哈雷车，大多数人都会拿起手机拍照合影。如何利用这种机会，向潜在消费者传递广告信息？

创意：利用红外线技术植入广告信息，让用户透过摄像头看到它。

执行：营销人员利用特殊的红外线技术，在摩托车背板上植入广告信息，它会不断发射红外线信号。虽然肉眼看不到，但通过摄像头能看到。他们把一辆哈雷摩托摆放在公共场所，有当用户打开手机摄像头，就看到了广告口号。

在近场通信技术普及的今天，传统的红外线技术的通信功能减弱了，但媒体属性却增强了。那些肉眼无法识别，而摄像头却可以识别的光谱，都可以用来承载信息。如果我们能深入挖掘，也许一种全新的媒体就能诞生。但是，运用这类媒体来进行信息传播的前提是，要首先吸引人们的关注，并且能下意识的打开摄影头，如果没有洞察到这个行为，传播就会失败。

图3-6a 工作人员在餐桌边缘的背后贴上NFC标签

图3-6b 孩子在餐桌边玩赛车游戏

图3-6c 手机中显示的赛车画面

**案例：快乐餐桌（如图3-6）**

营销主：麦当劳

代理方：DDB（新加坡）

挑战：对大人来说，麦当劳也许仅仅是一个餐厅，而对孩子们来说麦当劳可能是一个游乐场，孩子们的想象力无限，任何一个角落都可以变成游戏场所。孩子们特别喜欢在餐桌上玩"臆想的游戏"。如何利用这一点吸引孩子去麦当劳餐厅用餐？

创意：借助近场NFC通信技术把麦当劳的餐桌变成虚拟的游戏赛道。

执行：创意人员在桌子边的背面贴上NFC标签，并开发了一款"McParty Run"的APP。当手机打开游戏程序之后，软件与桌面上的NFC标签自动对接。一旦对接上，手机中就会显示赛车和赛道。小朋友跟随着屏幕中的画面和餐桌边缘来玩赛车，如果超出了NFC标签的界限，游戏就会终止。游戏中，赛车沿路还能收集汉堡、苹果派等道具，设有"打汉堡神偷"和"骗子船长"等情节。这些形象都是麦当劳家族的成员，故事情节都与麦当劳食物有关。

借助近场通信技术，商家将商业空间打造成一个虚拟游乐场，为现实空间增加了一层维度。现实世界和虚拟世界在一个共同的时间和空间发生。品牌借助环境讲故事，让消费者置身于情景剧之中。

## 4. 简单参与主动扩散

利用近场通信技术来做广告的初衷就是希望用技术的手段来消除营销主与消费者之间的传播隔阂。借助移动设备注意,移动设备代替人们来做信息筛选的工作。营销如果要产生效果,一定需要让消费者在不知不觉中参与。即使需要消费者主动打开移动设备的某项功能,也应该越简单越好。哪怕是多按一个按键,都会流失许多客户,消费者是懒惰的。

图 3-7a 公益智能贴纸

**案例:公益智能贴纸捐款(如图 3-7)**

营销主:香港联合国儿童基金会(Unicef)

代理方:Cheil(香港)

挑战:香港从 1945 年沿袭了英美的"flag days"(国旗日),也是公益募捐日,在这一天公益组织会上街进行募捐。志愿者时间精力有限,仅仅是当下的募捐还是不够。如何利用新技术,高效便捷地进行公益募捐,并增加其影响力呢?

创意:运用近场通信技术,让民众捐款后,方便地成为下一个志愿者。

执行:借助于 NFC 技术,创意人员把贴纸制作成可以用手机接触的"智能贴纸"。只要用手机与贴纸连接,就可向公益组织捐款,其实质是手机 NFC 支付功能。志愿者会向捐款者赠送"智能贴纸",让捐款者继续扩散公益行动。如果他去见朋友或家人,就可以邀请他们继续使用手机进行募捐。

图 3-7b 手机与智能间以 NFC 连接

利用近场通信技术,募捐就不用实体金钱,而使用数字化货币。这为公益类的募捐活动提供了很好的思路。新技术把募捐的流程简化,使得流通更高效,而且变得容易复制,容易扩散。这样公益活动就能让更多人参与,做公益也可以变得又酷又有爱。

随着 NFC 和 RFID 芯片的成本逐渐降低,这些技术将应用到大多数广告介质之上。如同广告单页易于发送及传递,未来的广告介质是芯片。信息的质量决定了创意的广度和深度。街头巷尾散发的小广告已经让人们习惯于拒绝,产生逆反心理。新技术应改善这种对立关系,让传播变得有价值。广告信息可为消费者提供价值,不管是实物、附加服务,还是精神上的满足。只有这样,人们才会为你主动扩散,形成二次传播。

## 5. 营销即产品

基于近场通信技术的移动营销带有实验性质。一些创意还能够转化成移动互联网产品。营销创意即是产品研发的创意,带有技术光环的产品也是最好的广告。

宝洁旗下婴儿尿布品牌 Hipoglós 开发了一款 RFID 智能尿布。该尿布在底部被粘贴了一块具有 RFID 功能的芯片(图 3-8),该芯片能检测出尿布的潮湿程度。如果宝宝尿湿了,芯片就会将

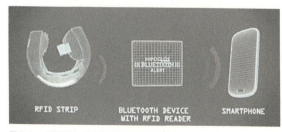

图 3-8a 智能贴片、尿布与手机三者构成这套系统

图 3-8b 用水浇在智能尿布上,手机就会立刻收到短信

图 3-9　婴儿车内提醒的概念产品

无线信号发送到父母的手机上,以短消息的方式提醒父母"该换尿布了"。在移动互联网时代,技术为人类带来更好的生活,既是年轻家长的福音,也是孩子的福音。

据欧宝汽车公司调查:"每年夏天,在欧洲,由于家长的疏忽,会有 20 名婴儿在车内中暑而身亡。"于是欧宝汽车运行了一个"Opel Smart Options"的项目,从驾驶者中征集关于汽车的改进意见。其中有一个创意脱颖而出,这个应用程序的开发来自两个孩子的父亲。他们发明了一种基于婴儿座椅的提醒设备(图 3-9),用一个感应贴片贴于座椅上,用于检测座椅上的温度,这种贴片与家长的手机无线连接,如果婴儿座椅温度高于 28 度,或是父母离开一定距离,警告信息就会传送到父母的手机上,提醒父母应该迅速返回汽车。

### 案例:宜家"SKAL"虚拟干杯 APP(如图 3-10)

营销主:宜家(IKEA)

代理方:Forsman & Bodenfors(瑞典哥德堡)

问题:如何将宜家的家居产品与社交功能相结合,以此传递品牌生活化理念?

创意:设计了一个利用近场通信技术的软件,提供用户相互交换名片。

图 3-10　选择喜欢的宜家酒杯

执行:创意人员开发了一款手机应用程序"SKAL"(干杯)。下载程序之后,用户可以选择喜欢的酒杯(都是宜家的产品),设置好交换的信息,如联系方式。两台手机(需都下载此程序)只要互相碰撞,就会有模拟真实酒杯碰撞的声音,而此时就已完成名片信息的交换。碰撞的瞬间,软件还会拍摄干杯场景中的照片,并将照片发生至社交网络。

营销主巧妙地将产品或品牌信息植入到此类服务型 APP 中,让用户在使用过程中对品牌产生好感或者依赖。营销主无需直接做广告,而是为消费者们提供与产品相关联的服务。

如果将这个虚拟干杯程序发展成为一个互换名片的专业程序也未尝不可。营销创意是软件开发前的产品创意。品牌在不经意之间,创造出了一款广受欢迎的移动互联网产品。这也可能会获得新的利益增长点。

### 案例:妮维雅孩童保护手带(如图 3-11)

营销主:妮维雅(NIVEA)

代理方:FCB(巴西)

挑战:所有带孩子去过海滩的家长都知道,担心被阳光晒,又担心孩子离开你的视线。妮维雅能为家长们带来什么帮助?

创意:利用近场通信技术和手机 APP,为家长创造一个监护孩子安全距离的服务。

图 3-11a　妮维雅防晒霜杂志广告

执行:创意人员投放了一款杂志平面海报,同时使用 NFC 贴片制作了一个纸质的手带,附在杂志广告旁。当用户翻到平面广告时,用户可以直接撕下手带,戴在孩子手上。同时,家长需扫描下载一个专门的 APP 程序,打开后将其与孩子的手带进行识别。然后,家长可以设置一个安全距离。当孩子离开时,家长就可以看到孩子离自己的距离,当距离超越安全范围时,手机会发出安全警告,提醒家长赶紧叫回孩子。

第三章 近场通信技术与移动营销：机有灵犀

图 3-11b　将杂志广告旁的手带条撕下

图 3-11c　将手带戴在孩子的手腕上

图 3-11d　下载专门的软件，打开定位功能，掌握孩子与你的距离范围

根据消费者使用产品的场合（如海滩），商家洞察了人们的其他需求（如安全需求）。然后以一种公益的姿态，为人们提供附加服务。这个简单的产品和软件虽然只是赠品，但体贴的服务会让消费者对原本的品牌产生好感。

基于近场通信技术的营销它不仅仅是短期推广时的噱头，更可以成为一个长期的产品或服务。该产品与公司原有的经营范围相关，但也未尝不可开拓新的领域。营销是一次实验。如果尝试成功，营销主就可继续推进其变为一个长期的项目。

## 三、总结：近场通信，机有灵犀

本章我们了解了近场通信技术的定义、种类和未来趋势。最终，不同时代的技术标准将殊途同归，构建一个物联网的世界。人与物、物与物、物与移动设备之间的关系都会发生改变。

近场通信技术在实际应用中主要有三种应用模式：IC卡模式、点对点模式、信号发射模式。由此我们延伸出几种移动营销的方法：适时适地推送广告信息；设计与消费者互动的户外广告；利用现场为消费者讲故事。

借助近场通信技术，营销主让消费者参与广告变得简单，移动设备与广告介质的连接直接而有效。消费者能立刻看到效果、收到奖励或是发出反馈。技术帮助人们更便捷地传播讯息，有助于商品流通，也有助于公益理念的传播。

基于近场通信技术的营销创意，是激发产品创新的试验场。营销直接变身移动互联网产品。产品是品牌面向未来消费者的最好广告。营销创意是品牌尝试为消费者提供更多服务的机会。未来，品牌与品牌之间的竞争，不再局限于原本的产品或服务本身，很可能是任何层面的竞争。我们不必刻意区分这是营销，还是产品或服务本身，只要是为消费者提供更好的体验，带来更美好的生活，它就是成功的传播。谁能想消费者所想，为他们提供更全面周到的服务，提供优秀的产品体验，为他们解决实际问题，那么谁就掌握了未来市场。

**创意训练题：**

1. 请逛一次大型超市（如沃尔玛、家乐福等），挑选至少5种产品，为其设计一个基于近场通信技术的移动营销方案。
2. 运用近场通信技术，改造某个商业空间，使其变得更有趣，更吸引顾客。
3. 利用近场通信技术，为某公益组织策划一场公益活动。公益主题不限，影响范围：至少有一千人参与活动。
4. 挑选5个产品，分别为其设计一款具有近场通信技术的公交候车亭广告海报。
5. 运用近场通信技术，针对老年人的安全问题，设计一款移动应用程序。

第四章

# 移动信号与移动营销：
# 墙角的媒体

## 一、移动信号与移动营销

### 1. 移动信号与运营商

　　移动信号是指通过无线通信技术，手机等移动设备接收到的数据信号。它们承载着语音、短信、上网等讯息。它们的流通由移动运营商来完成。移动运营商是指提供移动通信业务的服务方。中国国内的三大通信运营商为中国移动、中国联通、中国电信。世界六大通信运营商：英国 Vodafone、法国 Orange、NTT（日本电话电报公司）旗下的 DoCoMo、德国电信旗下的 T-Mobile、荷兰 KPN、美国 Sprint。

　　虚拟运营商（VNO—Virtual Network Operator），是传统通信运营商的代理商，它们从移动、联通、电信三大基础运营商那里"包干"一部分通信网络，然后通过自己的计费系统、客服号、营销和管理体系卖给消费者。中国，京东、阿里巴巴、苏宁等电商企业已经取得了虚拟运营商的牌照。未来，国内用户搜索到的手机信号将不仅仅是中国移动、中国电信、中国联通三个名称，而会呈现多元化的趋势。谁能提供好产品，谁就拥有消费者。

### 2. 移动信号的两种网络系统

　　移动信号是媒体，能承载信息。移动信号有两种网络系统：

　　（1）移动运营商、SIM 卡、移动终端设备组成的网络系统。

　　SIM 卡是（Subscriber Identity Module 客户识别模块）的缩写，也称为智能卡、用户身份识别卡，在移动通信设备中主要指移动通信服务商的信号卡片，现主要用于 GSM 标准。具有同样的功能，但标准不同的还有 Uim 卡（用于 CDMA 标准）。为了说明方便，我们只谈 SIM 卡。此卡可以存储一定数量的信息，比如通信录中的电话号码，或是文字信息。卡片也可由卫星系统进行跟踪定位。3G 或 4G 技术的 SIM 完全可以满足用户使用大规模流量的需求，虚拟运营商产生之后，SIM 卡为用户提供的服务就不再限于传统的运营商。不同背景的虚拟运营商将会为用户带来差异明显的各类服务。所以 SIM 卡本身作为一个运营商与用户之间联通的中介，将会越发呈现媒体的功能。

　　（2）由 Wi-Fi 信号基站、移动终端设备组成的系统

　　Wi-Fi 无线网络是一种能够将个人电脑、手持设备（如 PDA、手机）等终端以无线方式互相连接的技术。Wi-Fi 是一个无线网络通信技术的品牌，由 Wi-Fi 联盟（Wi-Fi Alliance）所持有。大多数 Wi-Fi 网络都是把有线的互联网网络信号转换成无线网络信号。一般架设无线网络的基本配备就是无线网卡及一台 AP（无线访问接入点，Wireless Access Point），如此便能以无线的模式配合有线架构来分享网络信号，架设费用和复杂程度远远低于传统的有线网络。

　　在公共网络资源发达的地区，提供免费的 Wi-Fi 信号已经成为公民的一项福利。但是，在网络资源未普及的地区，Wi-Fi 成了稀缺资源。最重要的是，现代人离不开网络，有人戏言，Wi-Fi 需求是比生理需求更基础的需求，虽然是个玩笑，但可以预见的是，未来人们离不开移动信号，随时随地能上网成为呼吸一样的基本需求。总有一天，移动信号将成为一种公用资源。

### 3. 营销边角料还是新战场

只要能承载信息，就可以成为媒体。运营商发送的移动信号是一个巨大的网络以短信、彩信为手段的移动广告在此就不再赘言。以单个 Wi-Fi 发射器为中心的网络形成一个小范围的网络，在其范围内的个体都能受其影响。平日看起来习以为常的信号发挥着媒体的效用，一些微不足道的位置也能成为媒体。创意无孔不入，把这些"边角料"式的媒体也利用起来。基于移动信号做营销，利用移动信号出现的每个场合，承载营销内容。

## 二、移动信号即媒体

### 1. 信号名称即媒体

一般智能手机左上角的信号栏中，都会显示运营商的名称，仅仅是这寥寥几个字，就可以成为创意的载体。如图，"中国联通"这四个字是由中国联通公司控制的（如图 8-5）。但是，中国联通的后台系统有权修改这个名字。有没有设想过，假如有一天你打开手机，左上角显示的是个性化的文字呢？

图 4-1a　手机信号 Movistar 已换成 PERU

图 4-1b　手机信号 Movistar 已换成 PERU

**案例：运营商 Movistar 更换信号名称（如图 4-1）**

广告主：秘鲁电信运营商 Movistar

挑战：如何庆祝秘鲁独立日（类似于国庆节）这一天，让用户对品牌产生好感？

创意：把用户熟悉的运营商名"Movistar"换成广告讯息

执行：秘鲁电信运营商 Movistar 把手机上的信号名称全部换成了国家英文名"Peru"（秘鲁），以此来庆祝国家独立日。

效果：秘鲁全国人民当天打开手机，都发现了这个小插曲。顿时，这个改变成为人们当天议论最多的话题。运营商抓住了人民的爱国情绪，同时让各大主流媒体负责报道了此事。

这个案例中，移动运营商抓住了国庆的时机，仅仅四个字的改动就能鼓舞人心，移动运营商掌握了最大数量的人群，移动运营商能使传播范围和效果到达最广泛的人群中，并引起公众话题。

我们设想一下，如果运营商放开这个"信号广告位"，特别在虚拟运营商加入之后，是否会迸发出越来越多的创意？这个信号会不会成为商家争相购买的广告位？如同以品牌来冠名某个活动，当有一天，你发现手机信号不再是一成不变的运营商名字，而是各种各样的广告口号或品牌赞助商，你是否会习惯？

### 2. SIM 卡即媒体

SIM 卡的功能是移动信号的发送接收。但它也有一定量的数字信息存储空间。比如现在通用的 SIM 卡一般可以存储 250 个通信录电话号码和几百条文字短信。仅仅是这样的空间就足以植入内容。SIM 卡的成本很低，可以大量推广。这些特点为以 SIM 卡为媒介创意项目提供了可能。当然，不仅仅是 SIM 卡，诸如 Uim 卡等各种标准的信号卡都同样是创意的载体。

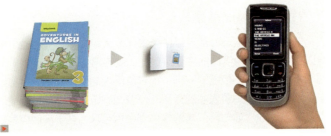

图 4-2 SIM 卡教材的示意图

**案例：《Smart Textbooks》SIM 卡教材（如图 4-2）**

广告主：菲律宾 Smart 电信公司

挑战：在发达国家，平板电脑和电子阅读器已经逐步取代了厚重的教科书。但是对于在菲律宾公立学校读书的学生来讲，即使是最便宜的平板设备也需要花去他们家庭一个月的收入。事实上，那些家庭唯一负担得起的是模拟信号的老旧手机，只能用来收发短信的那种。

这真是太可悲了，7 岁左右的孩子每天都要背着 22 本书上学，对于他们来说是沉重的负担，甚至会影响身心发育，出现健康问题。如果我们把成千上万的老手机利用起来，发明一种新型的教材呢？ Smart 是菲律宾最大的电信公司，它们接受了这个使命。

创意：利用短信功能的 SIM 卡，创造一种迷你教材。

执行：电信公司花了六个月时间，与那些有名的作家和出版社合作，把电子书录入到 SIM 卡中，做成了特别版的 SIM 卡迷你书。这样就把老手机变成了新的电子阅读器，把只能发短信的 SIM 卡变成了一种新型的教材。学生可以把 SIM 装入手机中，用黑白屏幕浏览电子书如果要查找关键词，也可以利用手机上的搜索功能来查找。这个简化版的"电子书"使得学生享受到了电子教材的便利，但也没有给家庭带来额外负担。

效果：这个项目让孩子们的书包减轻了 50%，有 95% 的学生参与了这个项目，让教材变得更轻更薄，得到了学生家庭和学校的大力支持。这个项目还会推出更多电子书，并像滚雪球一样，普及到菲律宾的其他地方。这个案例获得了 2013 年戛纳创意节移动类全场大奖。

中国有句古话："螺蛳壳里做道场"。在这个案例中，我们发现有些平时被大家忽略的东西，也可以派上大用场。因为在不同的场景下，同样一件事物的价值会改变。在发达地区，手机和 SIM 卡也许不算什么，但是在欠发达地区，老手机和 SIM 卡却成了可以再利用的媒体。电信公司在洞察问题的基础上，因地制宜地帮助用户解决问题。项目有人文关怀，有公益性，即做了好事也推广了品牌。

### 3. Wi-Fi 信号即媒体

在 Wi-Fi 资源还未普及的情况下，商家能利用免费 Wi-Fi 来交换其他价值。Wi-Fi 能形成一个小范围的传播场域，它的使用过程也留下了创意的空间。Wi-Fi 可以成为一个特殊空间媒体，Wi-Fi 服务也可以是传统移动运营商的延伸。

**案例：瑞典电信运营商 Three**

产品：3G 卡构成的 Wi-Fi 热点信号站。

执行：坐飞机的人通常会在机场内搜索 Wi-Fi 无线信号，瑞典电信运营商 Three 就把这个 Wi-Fi 的信号当作广告位，用户在搜索的时候看到"Looking for Wi-Fi"，链接 Wi-Fi 之后，会出现一则关于电信运营商 Wi-Fi 无线热点的广告。

我们可以将这里广告模式称之为"WiFi-Ad",即 Wi-Fi 广告。广告信息经由 Wi-Fi 信号传播出去。在移动 3G、4G 网络还未普及的时间段,在一个相对小的空间之内,Wi-Fi 广告会有其市场。这就如同顾客到了一个商场,即默认了商场内所有媒体对其产生影响,商家对其空间范围中的媒体具有自主权。

## 三、基于 Wi-Fi 信号的营销

下面我们就来看看如何借助 Wi-Fi 信号这个媒体来进行营销。

### 1. 信号自身承载信息

Wi-Fi 信号在移动设备上需要以文本形式呈现。把这些文本当作创意的载体,以文字自身的力量来做营销。

图 4-3a  Wi-Fi 发射装置

图 4-3b  Wi-Fi 短篇小说

**案例:墨尔本小说节 Wi-Fi 小说**

广告主:墨尔本作家节

挑战:作家节是每年一次在澳大利亚墨尔本举行的汇集众多小说家、作家、出版社、文学爱好者的盛大活动。在当前 140 个字大行其道的网络时代,主办方如何才能体现作家节的创新精神呢?

创意:利用 Wi-Fi 信号,将信号名称编辑成短篇小说,让移动设备接收。

执行:主办方在会场布置了许多 Wi-Fi 发射装置,每一个装置设置成发射六个信号的模式。六个信号从上往下一起读,就可以连成一篇短篇小说(如图 4-3),如:

第一个:*RAGS to RICHES*(从白手起家到富翁)

第二个:*RICHES TO REHAB*(从富翁到戒毒所)

第三个:*REHAB TO*(从戒毒所到)

第四个:*REALITY TV*(真实的电视节目)

第五个:*Melb Writers Festival*(墨尔本作家节)

第六个:*Stories Unbound*(故事无边界)

前面四句组成完整的句子大体的意思是:"从白手起家到富翁,从富翁到戒毒所(生活堕落),从戒毒所再到真实的电视节目"。这是在嘲讽一些真人故事节目的套路,后面两句"Melb Writers Festival"(墨尔本作家节)、"Stories Unbound"(故事无边界)是两个网站链接,用户链接之后会将用户带入官方网站。当参会的人员搜索 Wi-Fi 信号时,就可以看到这些有趣的内容。故事不是固定不变的,间隔一段的时间会切换到其他故事。

效果:大概有 65000 个人接收到了 Wi-Fi 小说,每个人至少看到了 20 个小故事。

墨尔本作家节主办方应用 Wi-Fi 技术来探索文学的另一种可能,让参与者印象深刻。Wi-Fi 信号可由组织者任意编辑信息,而且也可以设置不止一条信息。就是这短短几句话,为广告文案创作留下了发挥空间。

### 2. 信号出现一鸣惊人

叫卖"我有 WiFi",Wi-Fi 是一种稀缺资源,是一种叫卖的工具。告知人们此处有 Wi-Fi 信号即可博得关注,吸引人们搜索信号,以此进入后续营销等环节。对于 Wi-Fi 信号的叫卖又回到了传统的广告叫卖的思路。

图 4-4a 狗身着 Wifi 信号发射器

图 4-4b 搜索 Wi-fi 信号示意图

图 4-5a Wi-Fi 气球

图 4-5b 气球 Wi-Fi 的现场效果

**案例：狗身着 Wi-Fi 信号（如图 4-4）**

广告主：泰国电信公司 DTAC

挑战：如何推广旗下移动 Wi-Fi 热点业务？

创意：让狗穿上 Wi-Fi 设备吸引眼球

执行：给一群狗配上了无线 Wi-Fi 热点，接着牵着它们在人流量大的商圈走动，而路人就可以靠近这些狗来免费获得 Wi-Fi 上网。

效果：这次广告活动被泰国各大媒体报道，收获了相当于 5.5 亿的媒体曝光量。人们纷纷与这些可爱的狗合影，并分享到社交网站上，最后收获了 50 多万张照片。有超过 1 万的人试用了该公司的 Wi-Fi 产品。

　　用狗来承载 Wi-Fi 的创意纯粹是为了博得众人眼球，与 Wi-Fi 本身无太大关系。这种思维方式犹如用行为艺术的方式来制造二维码，整个过程都就是一次赚人眼球的话题营销。

**案例：气球 Wi-Fi 信号（如图 4-5）**

广告主：易买得（Emart）

挑战：在移动高速上网还未普及的时候，人们通常不习惯使用移动设备在线购物，如何吸引人们眼球，并引导他们在线购物？

创意：把 Wi-Fi 设备和气球绑定，让气球成为移动的广告

执行：创意人员在气球上绑定一个 Wi-Fi 设备，类似一个上网流量发射器，气球便成了一个 Wi-Fi 热点。他们让气球到处漂荡，成为街头巷尾的活广告。消费者可以免费使用 Wi-Fi，但是打开后第一个页面是易买得。消费者可以下载优惠券，或是在线购物等。

　　这些 Wi-Fi 出现的方式充分做到了吸引眼球，这个创意还有巨大的想象空间。就像二维码创意一样，WiFi 的出现方式可以借鉴装置艺术、行为艺术等，用事件营销的思路来做。

### 3. 信号解密引起关注

　　创意人员可洞察人们的行为方式，从中获得灵感。在使用 Wi-Fi 的过程中，用户通常先要搜到 Wi-Fi，然后需要输入密码来解密 Wi-Fi，才能使用，于是我们可以在解密界面植入营销内容。

**案例：猜字谜解 Wi-Fi 密码（如图 4-6）**

广告主：孩子宝公司 Scrabble 游戏

挑战：（Scrabble 是西方流行的英语文字图版游戏，在一块 15×15 方格的图版上，2～4 名参与者拼出词汇可得分。词汇以填字游戏的方式横竖列出，并必须收录在普通词典里。不同字母有不同分数，根据标准书写英语中出现频率订定，如经常出现的 E 和 O 只值 1 分，但不常用的 Q 和 Z 则值 10 分。图版上有不同颜色的格子，参加者可从中获得额外分数。）如何让人们在玩的同时记住品牌？

创意：让人们用拼字来获得 Wi-Fi 使用的权限。

图 4-6　猜字游戏破解 Wi-Fi 密码

执行：品牌专门准备了几辆装有 Wi-Fi 发射装置的汽车，将它们停靠在巴黎人流量大的公共场合，车身上写有"玩 Scrabble 送 Wi-Fi"的广告。路人可以免费搜到 Wi-Fi 信号，但是必须先"解密"。人们链接 Wi-Fi 之后，会有一个 Scrabble 的小游戏，游戏会有一个倒计时，用户只要能在一定时间内解密成功，就可以获得免费 Wi-Fi 时间。用户越快解密就能获得越多上网时间。如果用户游戏分享到社交网站上，还可以赢得两倍的时间。

效果：营销活动达到了很好的效果。两周时间内，人们玩了 6000 多个拼字。品牌仅仅用了很小的成本，强化了人们对 Scrabble 品牌的印象。这个案例也获得了 2013 夏纳广告节移动类金狮奖。

这个广告创意首先来自创意人员对人们生活方式的洞察。广告主借用 Wi-Fi 这个年轻人感兴趣的东西，激发他们的好奇心。产品本身的特点与创意的关联度极高，把 Wi-Fi "解密与猜字"结合起来。

游戏刺激了人们的好胜心。如果商家单纯给消费者一些奖励，消费者也许会习以为常，并不会引起多大的关注度。通过一个互动游戏，商家让消费者主动参与并争取奖品，消费者反而会积极参与，并且留下深刻记忆。

图 4-7　加密的 Wi-Fi

**案例：南非 Wi-Fi 加密公益广告（如图 4-7）**

广告主：MWEB（南非电子商务网站）

代理方：Saatchi & Saatchi（南非）

挑战：南非的艾滋病人数逐年增长，特别是因为年轻人交友不慎。而当下的年轻人到一个地方，最常做的事是搜索免费的 Wi-Fi 上网信号，这就如同没有选择的性行为，会带来安全的隐患。MWEB 是电子商务网站，也是数据信号提供商，它能提供安全的 Wi-Fi 链接。如何让年轻人知道这一点？

创意：用手机链接 Wi-Fi 的安全问题来比喻艾滋病的问题

执行：在世界艾滋病日这一天，MWEB 设计了一个巧妙的 Wi-Fi 链接登录页，在南非全国四个主要商场内设置这些 Wi-Fi 链接，Wi-Fi 以人名命名，当用户试图与"这些人"产生链接的时候，那么系统就会弹出事先设计好的 Wi-Fi 登录页，登录页的警示语："Don't take chances. Avoid unprotected hook-ups"（拒绝无保护的"勾搭"）。

商家利用登陆 WiFi 信号前需要解密的步骤，为使用者设置门槛。广告信息就能在这个机会点切入。并利用人们的联想，将艾滋病和不安全的 Wi-Fi 链接联系在一起。

## 4. 信号免费交换利益

免费是营销中最好的武器，同时也是一种绑架消费者的手段，可以要求消费者付出某种代价，从而达成营销目的。

**案例：可口可乐流量机（如图 4-8）**

广告主：可口可乐

挑战：可口可乐发现现在的年轻人都喜欢上网，但是高昂的流量费用让他们捉襟见肘。如何抓住这个机会向年轻人示好？

图 4-8 男生正在用手机"注入"流量

创意：用免费送流量的行动来增加年轻人对品牌的好感。但是，直接送流量似乎又不怎么有趣，于是可口可乐将饮料机与虚拟的流量相结合。

执行：巴西可口可乐公司制作了一个名为"可乐流量机"的流量赠送装置。首先，用户需要用自己本身的流量下载可口可乐的专用浏览器，然后打开这款浏览器，靠近这台机器，你的手机就会变成一个虚拟的可乐杯。机器会向手机注满"可乐流量"，注满之后，手机就可以获得 20M 的免费流量。20M 流量两周内用完，用完可以再充。整个过程就像是虚拟的可乐自助饮料机。

可口可乐总是能找到年轻人感兴趣的话题运用到品牌传播中。这个"可乐流量机"就迎合了年轻人对上网流量的需求。可口可乐拥有一些独特的"媒体"，比如自动贩卖机和可乐瓶。我们可以大胆假设，可口可乐会在未来推出更多关于自动贩卖机和可乐瓶的创意。可口可乐找到消费者的兴趣点，花费很小的成本，让消费者体验到品牌的诚意。整个广告活动，展现了品牌向年轻人表达出的亲和力。

可口可乐通过免费赠送手机流量来博得消费者的好感，一些广告主则用免费 Wi-Fi 来吸引消费者：

（1）交换注意力

**案例：Wi-Fi 海报（如图 4-9）**

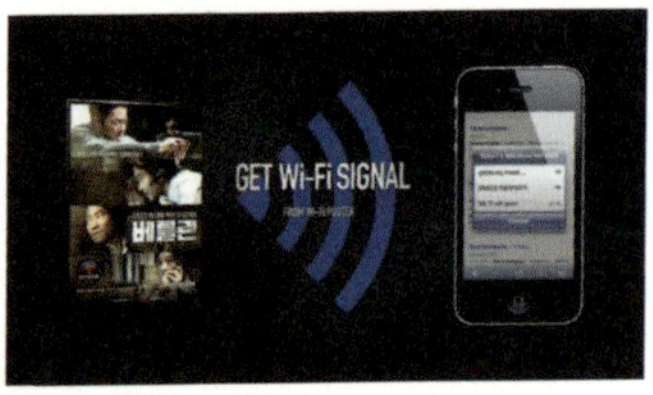

广告主：韩国 CJ 娱乐

挑战：一张电影海报如何与消费者进行互动呢？

创意：利用 Wi-Fi 来做电影海报的扩展内容

执行：在海报周边设置 Wi-Fi 热点，同时海报提示用户使用移动设备可免费获得 Wi-Fi 信号，用户使用移动设备接入 Wi-Fi，一打开就可看到当前电影海报的相关网页，可以查看预告片甚至直接预订电影票等。

图 4-9 韩国 CJ 娱乐 Wi-Fi 海报

这个创意提醒我们，Wi-Fi 可以作为传统户外媒体的补充形式，就像二维码技术和近场通信技术一样，帮助人们从线下切换到线上，传递营销信息。

图 4-10 狗便置换 Wi-Fi 装置

（2）交换公益举动

**案例：狗便换 Wi-Fi**

广告主：网站 Terra

代理：DDB

挑战：宠物主人在室外不清理狗便是个全球问题，如何用创意的手段来激发人们自觉清理狗便？

创意：发明一台机器，让人们用狗便交换免费的 Wi-Fi，从而鼓励人们清理狗便。

执行：创意人员发明了一台用狗便来交换免费 Wi-Fi 的装置，将其放置在公园内。狗主人只要捡好狗便，把袋子放在机器上，机器就会根据狗便重量提供相应免费 Wi-Fi 的时长（如图 4-10）。

为了避免某些人耍花样作弊（比如放石头来加重），机器一旁有工作人员"保驾"。他们负责给宠物主人分发塑料袋并留神作弊行为。装满垃圾的袋子也可以放进去，以此鼓励人们自觉清理公园。

显然，拥有一条大狗可以获得更多的免费流量，一个男子不停地给他的狗做腹部按摩，希望它能快点排便，以便他发送一封紧急电子邮件。为了宣传某些公益理念，广告主用奖励吸引受众亲自参与公益激发，这比起单纯的说教更具说服力。

图4-11 Shade Cinema 广告画面

**案例：布里斯班"Shade Cinema"（阴影下的影院）（如图4-11）**
广告主：布里斯班市议会
代理公司：扬罗必凯
挑战：布里斯班是澳大利亚昆士兰首府，是一个阳光充足的地方，被澳大利亚人称为"阳光之洲"，也因为如此，这里也被称为"皮肤癌之都"。人们很喜欢晒太阳，政府如何来引导人们尽量避免阳光，预防皮肤癌？
创意：以手机 Wi-Fi 流量作交换，通过奖惩手段，让民众更愿意待在树下避开阳光。
执行：创意人员在人们常去的树下安装无线 Wi-Fi。人们可以下载一款名为"Shade Cinema"的免费看电影的 APP。这款 APP 的特殊之处是：用户必须拿着它在阴影处看电影。如果有人把手机移到了阳光下，那么正在播放的电影就会立即暂停，然后弹出警醒广告："请远离阳光！"这是手机光感技术（处于高亮度环境下手机会自动调高亮度、反之会降低亮度以防止刺眼）。而当人们把手机拿回树荫下，手机中的电影又会继续播放。

图4-12 麦当劳表示店内有 Wi-Fi 信号的平面广告

单纯的说教早已失去听众。营销者要传播一种理念，必须要与受众产生互动。他们可以利用一些利益，如免费 Wi-Fi 来吸引受众参与，与他们达成交换。奖惩不涉及原则问题，奖惩产生一种软性的说服。受众一旦认同奖惩规则，即可认同传播内容。

### 5. 叫卖 Wi-Fi 的平面广告

除了利用 Wi-Fi 进行营销之外，Wi-Fi 本身就能作为某些实体店铺的卖点来进行传播，以此招揽顾客。实体店铺拥有核心产品或服务，提供 Wi-Fi 服务属于外延服务。消费者在消费行为时含有非理性因素，有时做出决策不是因为核心产品的优劣，恰恰是因为这种外延服务的存在。

提供 Wi-Fi 服务的讯息如何告知路人？除了传统的表示店内有 Wi-Fi 信号的标志外，回到平面设计领域。

海报的创意方法又回到平面广告创意的领域，即平面设计的领域。最简单的创意方法便是形象的组合。我们可将 Wi-Fi 的标志型符号提炼至抽象的排列方式，用产品或品牌形象作为基本元素。以此规则，所有人们熟知的品牌和形象都可成为 Wi-Fi 的素材。

长短不一的麦当劳薯条（如图4-12）、咖啡杯中泛起的涟漪（如图4-13），带着 Wi-Fi 的抽象思维来看待世间万物，它们都成了 Wi-Fi。

图4-13 BRUCCIANI 咖啡厅表示店内有 Wi-Fi 的平面广告

## 四、总结：移动营销不容忽视的"微"媒体

本章我们首先梳理了移动信号的两种网络系统以 SIM 卡为核心的运营商数据信号和以 Wi-Fi 为核心的数据信号。在流量资源还未普及的今天，许多人闻到了其中的商机。

我们可以利用移动运营商信号名称和 SIM 卡作为媒介进入营销创意，这些微不足道的地方都可成为媒体。这里还有许多想象空间尚待开发。

我们可以利用 Wi-Fi 来做广告。一些公司将 Wi-Fi 作为一种广告位出售。Wi-Fi 信号中的文本可以被重新编辑以表达概念。Wi-Fi 信号以一种话题营销的方式出现从而吸引眼球。受众参与特别的 Wi-Fi 信号解密游戏，在互动中体验广告诉求。

Wi-Fi 创意的秘诀是利用好"免费"这个武器。免费可以换来人们的注意力和做公益的积极性。另外，我们也可以将提供 Wi-Fi 服务作为实体店铺的卖点，用 Wi-Fi 标识和平面海报来吸引顾客。总之，有移动信号的空间就有营销的空间。

Wi-Fi 在短时期内仍将会是人们的稀缺资源，商家仍可趁热打铁，将其作为广告的手段之一。但是，随着移动互联网技术的普及，高速上网的资费一旦降低，借助 Wi-Fi 技术的广告何去何从？又有哪些新的技术会取代 Wi-Fi，成为新的广告载体？我们需要以发展的眼光来看待它们。

**创意训练题：**

1. 请设计出 20 种 Wi-Fi 信号出现的方式，要吸引公众眼球。
2. 利用移动信号名称这个特殊媒体，为中国移动（或中国电信、中国联通）公司创作一系列广告口号，以迎合一年中的所有节日，要求既传递品牌精神，又能与节日相关联。
3. 为 20 个产品设计 Wi-Fi 解锁界面的广告游戏。
4. 整理可口可乐利用瓶身和自动贩卖机所做的广告活动，并分析其创意亮点。
5. 为 20 个品牌的实体商店设计表示店内有 Wi-Fi 信号的平面广告。
6. 请思考如果 Wi-Fi 流量成为普及的公共资源，那么还有什么资源可以制造稀缺？

第五章

# 增强现实技术与移动营销：
# 增强视觉体验

# 一、增强现实技术与营销

## 1. 什么是增强现实技术

增强现实技术(英文为 Augmented Reality Technique,简称 AR),又称"虚拟现实技术"、"混合现实技术"等。它将计算机生成的虚拟物体、场景或系统提示信息以影像的方式叠加到真实场景中,从而实现对现实世界的"增强"功能。增强现实技术主要增强的是人类的视觉体验。由于与真实世界的联系并未被切断,人们使用增强现实技术时,眼前看到的虚拟影像也就能和真实世界看到的影像自然地融合起来。

## 2. 增强现实技术的应用领域

增强现实技术发明之初主要用于军事领域,用以拓展人类的视线,为人类看到的事物提供附加信息。技术在军用领域获得成功之后,一旦成本降低,即会转入民用领域。如今,增强现实技术已经应用于许多行业,并且可能会延伸至更多领域。

(1)军事领域

头戴增强现实技术头盔的军人,可以进行定位、可疑物识别、夜间行军、瞄准等作战辅助功能,帮助其在战争中增强视觉功能。

(2)医疗领域

医生头戴增强现实技术装置,看到病人时即可调动病人的身体信息,充分了解病人状态,或是在手术时及时看到病人的生命体征,辅助其对手术部位进行精确定位。

(3)工业领域

通过头盔内的显示器,工人可以事先看到物体的内部结构、零件图等,以方便其操作。

(4)电视转播

电视台在现场录制节目的同时,在实景、人、物体上面增加虚拟的信息,使得观众更容易理解画面。比如中国中央电视台(CCTV)在"豪门盛宴"(一档足球类节目)中,就运用增强现实技术,将主持人正在述说的球员的虚拟影像置入主持人的现场空间,让观众更直观地边听边看。

(5)游戏娱乐

将现实世界作为虚拟游戏的背景,让玩家犹如在现实世界中冲锋陷阵,体验冒险刺激。

(6)旅游展览

在人们参观博物馆、游览风景名胜之时,增强现实技术能为人们介绍展品、风景名胜的典故,由一位虚拟的导览员,告诉人们看到的实物、实景背后的故事。

## 3. 基于增强现实技术的营销

增强现实技术是人类视觉的延伸,为视觉体验增加了一层虚拟维度。当虚拟与现实出现同一个时空并影响人类对于现实事物的感官时,我们很难说看到的世界是真实还是虚拟。以"Google Glass"(谷歌眼镜,由谷歌公司于 2012 年 4

月发布的一款"增强现实"的眼镜,它可以通过声音控制拍照、视频通话、辨明方向以及上网冲浪、处理文字信息和电子邮件等)为代表的可穿戴式增强现实装置将改变人类感知世界的方式。它是至今唯一一款真正意义上实现增强现实技术的移动设备。一个移动智能终端被架在眼前,双手被解放,人和机器之间的关系从未如此接近。

视觉信息在广告中占有最大比例。除广播广告外,几乎所有的广告都离不开视觉。增强现实技术又为广告视觉信息增加了一个虚拟维度。随着谷歌眼镜等可穿戴设备的普及,人们会越来越习惯于用增强现实技术来辅助眼睛和大脑接受信息。同时,随着电子屏幕替代许多广告载体和纸质媒介,增强现实技术拥有了更多使用场合。基于增强现实技术的营销就是为受众提供一种新奇的视觉体验来表达产品诉求,传递品牌理念。

## 二、减少产品认知的不确定性

售前试用是一种传统的营销手法。食物试吃、衣服试穿就是一种营销。试用的目的是为了提前体验一下效果,以便做出购买决策。运用增强现实技术,那些较依赖于视觉的产品就可以把现实体验转化成虚拟体验。广告主通过提供虚拟服务来引导人们使用产品,不至于增加消费者的心理负担。消费者获得使用体验之后,对产品或服务有所了解,在购买决策中会表现得理性和从容。无论对于商家还是消费者,这是一个共赢的局面。

### 1. 虚拟试穿戴

**案例:资生堂试妆魔镜(如图 5-1)**

广告主:日本化妆品牌资生堂(Shiseido)

挑战:化妆品公司通常在门店设立实体专柜。如果潜在顾客徘徊于专柜旁,精明的销售员就会鼓动她来试一试妆面。如果顾客同意,那么她就会在店面内直接试妆。也许她会面对商店内的人来人往。很多消费者因为不喜欢这种被人围观的感觉,或是觉得太费时间,就不愿意试妆。对于销售人员来说,试妆的时间精力成本比较高,最终也不一定能达成销售。如果能运用最新技术来提升消费者的试妆体验?

创意:开发一套虚拟试妆系统

执行:2011 年,资生堂开发了一款化妆"魔镜"的平板电脑应用程序。试妆时,消费者可以通过触摸屏,点选"魔镜"屏幕上提供的虚拟化妆品,然后给镜子中的自己上妆。

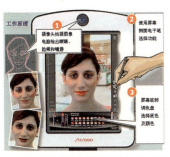

图 5-1a 销售人员正在为顾客使用资生堂化妆"魔镜"系统试妆

图 5-1b 资生堂化妆"魔镜"系统工作原理示意

魔镜程序打开后,消费者需要事先对着摄影头。摄像头会对人的面部重要部位进行动态捕捉,然后在屏幕出呈现一个动态的顾客的脸,就和照镜子一样消费者可根据个人喜好,在虚拟的 50 余种眼影、唇彩和 12 种粉底中任意搭配使用,还可以尝试大胆、夸张的妆容。它可以帮助消费者在极短的时间内"试用"百余种不同类型的化妆品,而且省去了繁琐的卸妆步骤。

"魔镜"屏幕呈现的镜面效果堪称完美。由于动态捕捉技术,"魔镜"可模拟出人类眼部、嘴唇和脸颊等部位上妆的效果。顾客在化妆时,如果脸部有表情改变,那么魔镜也会配合人的面部表情,使上妆效果更加逼真。如果消费者在使用"魔镜"试妆时,对某一妆容感到满意,便可及时储存下此妆容的静态画面,随后再与其他妆容效果进行对比。

这款虚拟试妆程序,使得销售员能迅速为顾客试妆。顾客也不必坐在大庭广众之下被围观。最重要的是应用节省了双方的时间,也节省了试用产品的成本。消费者在看到妆容效果后才出手购买产品,在选择上就不会盲目,虚拟试妆不会给潜在消费者造成太大的心理压力。她们会做出合理的决策,少花冤枉钱。如果把虚拟试妆的思维带到了服装店,那么移动设备就能顺理成章成为一面可以试穿的魔镜。这类应用将会成为未来的趋势。

图 5-2a 俪诗朵试发型 APP 界面截图

**案例:俪诗朵试发型 APP(如图 5-2)**

广告主:俪诗朵 Lucido-L(日本护发用品品牌)

代理方:日本电通广告公司

问题:如何让更多人了解产品,并使用该品牌的护发产品来"善待"自己的头发?

创意:运用增强现实技术,开发一款 APP,让用户在程序中虚拟换发型。程序也能植入产品最新的促销活动,并将用户引入电子商务平台。

执行:创意人员开发了一款换发型的 APP。首先,用户将自己的头像照载入应用程序,适当进行调整。程序会通过人脸识别技术制作出一个标准的头像。然后,用户就可以为头像换上各种不同的发型,不同的颜色。

图 5-2b 俪诗朵试发型 APP 界面截图

俪诗朵是一个护发用品品牌,只要与发型有关的服务,都属于联想范围。

现代人对发型十分讲究,特别是女性,一年中可能会改变好几次发型,但是换发型存在一定的风险。特别是原本的长发换成短发,女人要冒着被"换型失败"的风险。这个程序利用了增强现实技术,让换发型变成虚拟游戏,这样就不必承担换错的风险。

人们不仅可以使用它来尝试不同的发型,更可以用它来自娱自乐。它具有社交的功能,用户换发型之后可以将照片保存到手机中,或是直接上传社交网站,让朋友们点评。朋友点评的同时也许会亲自尝试这个 APP,这样就达到二次传播的效果。

很多品牌嗅到了其中的商机,纷纷推出虚拟试用类 APP。只要与穿衣打扮有关的产品,都可以尝试开发这类 APP,从头到脚对消费者进行贴身服务。

**案例:匡威试鞋 APP**

广告主:匡威

挑战:匡威的鞋款经久不衰。匡威的忠实粉丝通常会拥有超过两双鞋。匡威的鞋款是固定的,对于粉丝来说,尺码和舒适度不是问题,吸引其购买新款的最大动力都来自于款式。

如何让消费者更快捷地看到匡威的最新产品?如何让消费者迅速看到穿上后的效果,并引导他们进入后续购买?

图 5-3 顾客正在使用匡威试鞋 APP 试鞋

创意:借助增强实景(AR)技术,开发了一款让消费者虚拟试鞋的应用程序,并加入电子商务功能。

执行:在程序中,消费者可以查看最新款鞋的信息,并打开摄像头,使用增强实景技术,以从上往下的视角对准自己的脚(如图 5-3)。用户可以用手指划动更换虚拟的鞋子,并在屏幕上看到穿着后的效果。如果用户中意此款,就可以直接进行在线购买。

虚拟试鞋的可行性建立在同一品牌同一尺码上。消费者在款式上可以虚拟试穿,但在尺码和舒适度上无从体验。虚拟试鞋的应用程序还无法替代实体产品的试用。对于从来没买过此鞋的消费者来说,恐怕还是去实体店试穿才行。这类程序主要针对一些忠实粉丝,局限性较大。

### 案例:蒂芙尼订婚钻戒顾问 APP(如图 5-4)

广告主:TIFFANY&Co.

挑战:蒂芙尼的婚钻是许多女生梦寐以求的礼物,但是不可能随时随地去试戴。如何解决这个问题?

图 5-4 蒂芙尼钻戒顾问 APP 界面截

创意:基于增强现实技术创造一款手机应用程序,让消费者随时随地了解各种产品信息,随时随地试戴。

执行:下载应用程序,消费者可以浏览蒂芙尼的所有钻戒。消费者可以选择戒指尺寸,打开摄影头,把手指伸在摄影头前,通过虚拟影像来试戴戒指,看效果。消费者可以浏览多种钻戒款式,了解真实克拉重量和价格。程序还提供存储、预约实体店、分享社交网站等功能,把消费者从线上引导到线下实体店。该程序洞悉到准婚女性的小心思,提供虚拟化的体验,提前与消费者建立关系。

图 5-5a 宜家虚拟试用家具 APP 效果图

不是所有的产品都适合使用移动设备进行虚拟的尝试。尝试的主要是外貌、样式,但对于尺寸不是那么在意,比如帽子、发型、眼镜、化妆品、唇膏,首饰类如项链、耳钉、戒指。

### 2. 虚拟空间展示

对于增强现实技术来说,最有价值的应用领域是在高价值或运输成本很高的产品上。比如家具、家用电器、灯具、装饰品等,消费者希望提前看到摆放的效果。从前,消费者只能靠想象来预测最后的效果。增强现实技术将最终效果摆在消费者眼前,帮助其进行购买前的决策。

图 5-5b 宜家虚拟试用家具 APP 效果图

### 案例:宜家虚拟产品目录(如图 5-5)

挑战:宜家的产品目录营销方式一直被业内人士赞赏。产品目录的策划与设计一直是行业标杆。在移动互联网时代,如何在纸质产品目录上有所创新,为消费者提供更多附加服务?

图 5-5c  宜家虚拟试用家具 APP 效果图

图 5-5d  宜家虚拟试用家具 APP 效果图

创意：运用增强现实技术为消费者开发一款能够介绍产品，并虚拟试用家具的应用程序。

执行：宜家开发了这款应用程序，程序延续了宜家一贯的风格，为用户分门别类展示产品信息，类似于一本电子杂志。但在此基础上，宜家开发了一套增强现实技术的应用系统。消费者可以选择中意的家具，并开启手机的摄像头。摄像头把用户面前的实景（比如用户可以在家中使用该程序）显示在屏幕上，选中程序中的虚拟家具后，虚拟家具就与实景呈现在同一屏幕上。从使用者的视角看屏幕，就能看到家具最终摆放的实景效果。每个家具都可以放大或缩小以调节尺寸，用来适合不同的景深。虚拟家具也可以变换不同的颜色（在宜家提供的颜色范围之内）。总之，消费者可以提前摆弄家具，直到挑选最合适的家具。

最后，如果消费者对效果满意，那么就能立即在线订购，进入电子商务的环节。消费者简单填写配送方式，家具就能直接送到家里。

效果：这款软件发布后效果非常好，在当时下载量高居前几名，并且也让用户对宜家这个品牌的体贴服务更认同。

"从容"是一种良好的购物心态。商家制造这种从容，让消费者在购物前能深思熟虑，胸有成竹。很多人都曾遇到过这样的尴尬：在商场里看中的家具搬到家里，却得不到想象的效果，或是尺寸不对，不得不退换货。

宜家设计产品目录的初衷也是为了让消费者充分了解产品信息，并从容地做出购买决策。借助移动互联网和新技术，宜家能提升消费者的感官体验，让他们更从容地做出选择。

除了家具类产品以外，现在有很多室内设计公司，将增强现实技术用于向顾客展示装修后的效果图。展览、博物馆等需要人们解说的场所也可以应用增强现实技术来为参观者提供附加信息。

### 3. 所见即所得

增强现实技术为现实物品提供多维度的信息，从某种意义上来说，所有的实物都可以被赋予虚拟信息。创意的重点在于如何将实物和虚拟信息联系起来，而且是有意义的联系。这个联系能为人们提供实用信息，帮助人们进行决策，解决实际问题。

图 5-6a  程序摄像头中看到的现金

图 5-6b  增强现实技术显现的相应食物

案例：钞票变食物（如图 5-6）

广告主：肯德基

挑战：在印度，人们觉得肯德基很好吃。但对大多数印度人来说，肯德基的价格相对昂贵，很多人望而却步。如何让人们事先预知价格，并觉得肯德基不贵？

创意：利用增强现实技术，让人们直接看到多少钱能买到多少食物。

执行：肯德基为此开发了一款增强现实技术的手机应用，用户下载 APP 之后，打开摄像头，扫描印度的卢比（印度的货币名称），过一会儿，屏幕中就会显示虚拟的食物。比如用 20 卢比扫描完之后，用户看到的是用这 20 卢比可以在肯德基买到哪些食物。另外，APP 还具有电子商务功能，用户能够直接链接到官网进行下单。程序也有社交功能，朋友间相互看看都在吃什么？如果分享的照片受到大家欢迎，消费者还能得到一定的优惠。

该程序消除了消费者在消费决策前的不确定性。它从消费者的立场出发，考虑到他们的真实需求。它与消费者积极对话，展现出一种友善的姿态。利用增强现实技术，广告主能用多维度的信息来与消费者沟通。广告的目的是消除信息的不确定性，技术帮助广告更好地完成这个使命。

## 三、提供产品附加价值

在售前，消费者为了做出正确的消费决策，必然希望多方面了解产品信息减少不确定性。如果广告主能利用增强现实技术为消费者提供多渠道、多维度的信息，那么消费者会感受到广告主的这种贴心的考虑。在售后，如果广告主还能持续为消费者提供附加服务，增加消费者的使用体验，那么品牌与消费者就能维系持久的关系。

### 1. 讲述产品故事

如果广告主能在售后继续强调产品的优越感，消费者就能肯定其购买决策的准确性，从而加强对品牌的认同。

图 5-7　跟踪我的麦当劳 APP 使用画面截图

案例：跟踪我的麦当劳（如图 5-7）

广告主：麦当劳

挑战：麦当劳等快餐通常被人们认为是垃圾产品，如何扭转这种印象？

创意：运用增强现实技术来向消费者展示产品背后的故事

执行：推出一款基于增强现实技术的移动应用程序——"Track My Macca's"（跟踪我的麦当劳）。消费者只要打开这个程序，并扫描麦当劳任意一款产品的包装，屏幕上就会展现这份食品食材的来源、生成过程。画面上会出现绿色的田野、树林、风车、各种天气效果，还有收割的拖拉车、农民伯伯等一系列卡通形象。摄影头呈打开状态，所有的环节都以动画形式出现，画面会在摄影头对着的现实环境中展开。整个过程中，消费者透过手机屏幕观看。麦当劳向用户直观地展示食物背后的故事，告诉人们麦当劳的食物是健康、安全、卫生的。

从品牌的角度来讲，这类应用程序意在提升自己品牌的高度，也增强用户对品牌的好感度。但是从效果上来看，这些应用程序虽然应用了新技术，但是依然用传统的填鸭式的方法，对观众进行信息植入。互动需要建立在观众感兴趣的前提之下，可能大多数消费者不会特地去下载应用然后观看，这些弱点是需要创意人员克服的。

在运用增强现实技术设计互动广告时，虚拟的信息和现实的物品之间必然要有相关性。两者的内容相互关联、相互补充。增强现实技术并不需要抛开现实世界，现实世界的景象是为了让虚拟信息更容易理解。两者之间不存在谁代替谁的关系，如果在运用过程中，一方是可有可无的，那就背离了增强现实技术的初衷。

### 2. 提供附加服务

案例：神奇创可贴（如图 5-8）

广告主：强生创可贴

挑战：公司发现儿童对"创可贴能治愈伤口"这件事情很好奇，如何抓住儿童的这种好奇心理，让小孩从创可贴中得到更多乐趣？

图 5-8a　强生神奇创可贴的 APP 主画面

图 5-8b　强生神奇创可贴的 APP 界面截图

创意：运用增强现实技术让卡通形象陪伴小孩讲解治愈伤口的过程。

执行：他们开发了一款移动 APP，把著名的电视卡通人物形象置于其中。当儿童把创可贴贴在手上时，他（她）就可以打开这个程序。利用图像识别技术和增强现实技术，移动设备的屏幕中出现了各种卡通形象。这些虚拟卡通人物为小朋友讲解伤口是如何愈合的，为小朋友唱歌跳舞，逗乐小朋友。小朋友则可以用手指控制卡通人物与他们进行简单的互动。

　　增强现实技术增加了信息呈现的维度，在现实空间制造惊喜。增强现实技术尤其适合于好奇心强的受众，特别是儿童。增强现实技术制造一种梦幻感，犹如从阿拉丁神灯里飘出来的神仙，让人难辨真假。儿童充满想象力，对虚拟的影像尤为在意。富有童趣的消费者对新技术总是趋之若鹜。

　　这款应用不仅儿童喜欢，家长们也很喜欢。通过动画形象，APP 解释了创可贴的神奇作用，让儿童在与卡通形象交互的过程中感受快乐，忘却伤痛。儿童也不再害怕贴创可贴，这帮了家长们的大忙。

　　广告主为用户提供了预料之外的售后服务，不仅让消费者觉得超值，也反过来促进产品销售。另外，这款 APP 针对的是孩子，孩子对品牌的早期认知度对营销来说是很重要的。如果孩子从小就受到品牌的影响，这些愉快的记忆会保存在孩子的潜意识中，以至于孩子长大成人之后，还会对品牌保持莫名的好感，这才是广告的长期效果。

图 5-9　手机中的虚拟演奏小提琴

案例："Concerto Timer" 音乐会时间

广告主：哈根达斯

挑战：哈根达斯发现人们吃冰淇淋前，如果冰激凌被冻得太过头，勺子很难挖动。在美味面前的等待是多么的扫兴，而且至少需要两分钟。据哈根达斯官方表示，两分钟可以让手中的冰淇淋达到最佳的口感。那么如何让食客耐心等待两分钟呢？

创意：利用这两分钟，让食客观看一段虚拟的音乐演奏。

执行：推出了一款名为"Concerto Timer"（音乐会时间）的 APP，它采用增强现实技术。当用户使用该款软件对准哈根达斯的商标后，屏幕中就会出现一个虚拟的小提琴乐手（如图 5-9）。她将为观众演奏两分钟的美妙乐曲，当消费者欣赏完音乐之后，冰激凌就软化了，正好到达哈根达斯声称的最佳口感。

　　广告主介入的契机是广告传播成败与否的关键。在此案例中，广告主发现消费者在使用产品过程中的问题，于是利用这两分钟的契机为消费者提供额外的服务。增强现实技术为广告主提供多维度的传播契机，使得产品以外的任何信息都能在同一时间、空间介入消费者的生活。

## 3. 寓"售"于乐

　　在运用增强现实技术的营销创意中，内容依然是最关键的。"增强"的虚拟内容要为消费者提供真正的价值，而不只是一个博人眼球的小把戏。一款真正能打动消费者的增强现实技术应用软件，能提供实体产品以外的产品和服务。比如对于认知能力较差的老人，虚拟现实技术能像亲人一样，随时随地给他们生活上的指导。增强现实技术以视觉为主导，帮助消费者解决实际问题。

### 案例：变形金刚游戏海报（如图 5-10）

广告主：《变形金刚3》电影发行方

挑战：配合《变形金刚3》在全球上映，如何鼓励人们去电影院观看？

创意：将影院里的电影海报和增强现实技术联系起来，通过手机接收虚拟任务，完成后可获电影赠票。

执行：电影发行方特意制作了一款手机游戏 APP。游戏结合地理位置定位功能（LBS）和增强现实技术。下载游戏之后，用户需要根据游戏上的提示到达指定的影院，在影院《变形金刚3》海报前"接下"一项任务（类似于手机签到的功能），接着手机中就会出现虚拟的擎天柱形象。在增强现实技术的帮助下，擎天柱就会在影院实景中开始射击类游戏。比如你对着影院的吧台玩游戏，吧台就会变成一个虚拟的战场。最后，如果玩家按规定时间完成游戏人物，那么就能从手机上获得一张《变形金刚3》的电影门票。

图 5-10a　观众用手机对着电影海报接受任务

图 5-10b　运用增强现实技术的游戏海报

这个特别的宣传活动吸引了众多年轻人参与，也形成了口碑传播。海报等传统媒体早已无法激起观众的兴趣，利用增强现实、二维码、近场通讯等新技术，海报能和移动设备连接起来，让观众与海报内容互动起来。

### 案例：玩转世界杯薯条盒（如图 5-11）

广告主：麦当劳

挑战：作为 FIFA 世界杯长期官方赞助商与官方合作餐厅，麦当劳在南非世界杯时期启动了以"好在一起，我们支持你的坚持"为口号的广告战役。
如何借助世界杯之东风，让更多人参与广告活动，以此增加品牌的曝光率，并增加销量？

创意：在薯条盒上做文章，推出限量版的包装，并与手机 APP 联动，创造互动和有趣的体验。

执行：麦当劳薯条盒（中包及大包装）在全球首次从经典的红色，变身为 12 款大胆、醒目纪念版插图。12 位设计师由麦当劳从全球 500 多名候选人遴选出。薯条盒的设计以精妙的原创街头艺术为主，为顾客和球迷呈现出足球盛事的美丽与激情。

图 5-11a　12 款纪念版薯条盒

图 5-11c　运用增强现实技术的足球游戏

图 5-11b　麦当劳"玩转世界杯薯条盒"广告海报

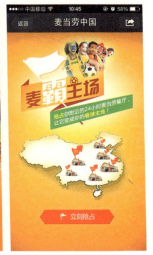

图 5-11d　"麦霸主场"的游戏界面

限量版世界杯薯条盒也是增强现实技术手机游戏"McDonald's GOL！"的唯一"解锁密匙"。消费者下载游戏后,可用手机扫描并识别薯条盒,创造一个真实与虚拟场景结合的足球场。在扫描薯条盒后,薯条盒化身为虚拟球门,滑动手指踢虚拟球,避开或利用障碍物反射,即可实现多重难度的射门体验。

在中国,麦当劳还通过官方微信推出了两款互动性极高的手机游戏——"麦霸主场"邀请粉丝在线抢占餐厅,标记为所支持球队的主场;"麦乐主场"则可预测比赛结果,寻找麦当劳粉丝中的"章鱼保罗"。

该广告战役体现了麦当劳的全球数字营销愿景,利用科技为顾客带来全新的便利性和趣味性。整个战役围绕世界杯元素展开想象,制造消费者互动参与的热情。广告主在互动游戏中设置了一套奖励机制,鼓励人们积极参与,并与线下活动结合在一起,为人们打造了一个全方位的世界杯游戏平台。

图 5-12 教儿童刷牙的 APP 使用效果图

**案例：教儿童刷牙的 APP（图 5-12）**

广告主：LZG（德国健康信息中心）

挑战：儿童不爱刷牙,拒绝刷牙怎么办呢？如何让孩子们喜欢刷牙,没有排斥心理？

创意：推出了一个教孩子刷牙的小游戏,让孩子边刷牙边玩游戏,在潜移默化之中,喜欢上刷牙。

执行：创意人员开发了一款移动设备 APP。孩子只需打开程序,摄像头即将呈现孩子的影像（用摄像头当作镜子使用）。然后,程序中的虚拟消防员就会出现,伴着音乐,指导儿童如何刷牙。比如刷牙的步骤,先刷哪里,后刷哪里？何时用水漱口,刷牙的力道多大,每个动作持续多久。虚拟消防员会捕捉儿童的动作,如果大致正确,程序就会给予分数奖励。如果刷牙停止,游戏中的人物会进行提醒。整个过程就像是打游戏,健康信息中心希望通过游戏的方式来激励孩子们认真刷牙。

儿童对于增强现实技术的兴趣,就如同他们对于电子游戏的兴趣。以儿童为目标人群的传播活动都可以考虑使用增强现实技术的游戏。比起家长单调的教育,互动游戏让孩子觉得有趣、亲切。最好的教育是以游戏的形式进行的。未来的儿童教育领域会出现大量的互动游戏,寓教于乐的平台。

## 四、总结：增强营销中的视觉体验

本章我们了解了增强现实技术（AR）的定义及其应用，它对医疗、军事、工业、传播、游戏娱乐、旅游展览等领域产生了巨大影响。它是人类视觉的延伸，以谷歌眼镜为代表的可穿戴设备将会改变人类认知世界的方式，特别是视觉感官。增强现实技术为实物增加了虚拟维度，在虚拟维度中，我们能植入更多产品信息、附加服务。增强现实技术为我们带来了很多营销的想象空间。

在产品售前，为了减少消费者对产品认知的不确定性，我们可以用它来试穿衣服、鞋子、试用化妆品、试用家具等。让消费者产生"所见即所得"的联想。在产品售后，增强现实技术也可以为产品或品牌讲述更多故事，把枯燥的说教转变成生动的影像。创意的重点在于如何将实物和虚拟信息连接起来。这个连接能为人们提供实用信息，提供附加服务，解决实际问题同时也能把销售巧妙地植入到"娱乐"的过程中，寓"售"于乐。

增强现实技术为广告主与消费者创造了传播契机，营销的关键还在于创作与产品，场景相关联的内容，特别是为消费者带来有趣，有价值的视觉体验。

### 创意训练题：

1. 请想象一下，增强现实技术还应用于人类社会的哪些领域？如何应用？
2. 哪些产品适合使用增强现实技术，在售前为消费者提供更多体验？请思考至少5个产品如何开发此类APP。
3. 哪些产品需要在售后，借助增强现实技术，提供更多附加服务？请思考至少5个产品如何开发此类APP。
4. 针对老人，为某家电品牌开发一款增强现实APP，帮助他们学会使用。
5. 请想象一下，如何借助增强现实技术，为杂志和报纸广告增加互动性？请为至少5个品牌设计广告。

第六章

# 触屏及重力感应技术与移动营销：人机交互体验

## 一、触屏技术与营销

### 1. 人类的触感认知

触觉在希腊语中的意思是"抓或摸",触觉是接触、滑动、压觉等机械刺激的总称。多数动物的触觉器是遍布全身的,像人的皮肤位于人的体表,依靠表皮的游离神经末梢能感觉温度、痛觉、触觉等多种感觉。触觉是人类最原始的感觉,所谓"触从心生",人体皮肤与人脑是由同一组织产生出来的,皮肤可以看作是人脑的外层,或是人脑的延伸部分。

触觉不但是人类感受周围环境的器官,而且还可以表示亲密、善意、温柔与体贴之情,朋友间、爱人间、亲人间的感情交流许多都依赖于触觉,甚至有人说"没有触觉的社会将会是一种病态的社会"。只凭视觉和听觉已经无法认知事物的虚实,只有触觉才能接近真实,所以人类对触感认知有一个与生俱来的信任,触觉比任何感觉都更带真实感。

### 2. 触屏技术与人机交互

视觉和触觉是当今移动设备上人机交互的主要形式。对于人类来说,视觉主要用来接受信息,触觉主要用来输出信息。对于机器来说,视觉用来呈现信息,触觉用来接受信息。

触屏技术(Touchscreen)是人们以触碰的方式与机器交互的各类技术的总称。是从实验室中走向民用设备,比如触屏手机、平板电脑,让普通人享受到手指控制的便利,虽然现在利用触摸屏进行人机对话的技术还略显幼稚,但是至少人们已经可以脱离冷冰冰的鼠标和按钮,用手指的自然运动来控制机器。

因为触屏设备的普及,触屏成了媒体,成为广告内容的载体。传统的纸质媒体被越来越多的电子媒体取代,电子显示屏取代了户外广告牌,可触摸的显示屏取代纯输出的显示屏,使得人们通过手指运动来与广告进行双向沟通。

### 3. 基于触屏技术的营销

创意人员将营销信息植入到触屏设备中,让消费者用触摸屏幕的方式来参与互动,以这个互动过程作为传播广告信息的方法。从广义上来说,现在移动设备上的所有操作都需要触屏技术。但是本文中的基于触屏技术的营销,主要是针对那些完全依赖"触屏"来达成的创意。对于它们来说,触屏不仅用于操作指令,而是让人们用触屏的行为来理解创意,理解广告信息,达成营销目的。

## 二、触屏交互式营销

创意的重点在于创造一个必须利用手指让人与屏幕间进行互动的契机。广告信息由触屏前和触屏后两部分构成,触屏前广告必须吸引用户,用户触屏后,广告会根据触屏的不同方式而呈现不同的结果。触屏交互式营销利用了人们的好奇心,吸引人们通过简单的手上动作来获得丰富的感官体验从而达成营销目的。

## 1. 利用触屏习惯

人们使用触屏设备多了就会形成一些固定的习惯。"滑动解锁开机"就是每个人习以为常的开机动作。如何利用这个契机来做文章？

图 6-1　大赦国际解锁 iPad 画面

**案例：解锁解禁**

广告主：大赦国际（Amnesty International，一个国际公益组织）

挑战：大赦国际的宗旨是"动员公众舆论，促使国际机构保障人权宣言中提出的言论和宗教自由"；"致力于为释放由于信仰而被监禁的人以及给他们的家庭发放救济等方面的工作"。如何通过移动广告来向世人宣扬其理念？

创意：把"解禁"的理念和手机屏幕解锁联系起来。

执行：创意人员设计了一个特别的解锁界面。首先，他们发布了这款名叫"Slide to unlock"（滑动解锁）的解锁程序，但不告诉用户内容是什么。用户免费下载后，手机解锁过程会变成：当按钮点亮屏幕但未解锁时，画面上出现一双被镣铐起来的双手，滑动并解锁，便会出现手铐被解开的图片（如图 6-1）。随后，如果你认同大赦国际的公益理念，就能在操作后链接到捐款页面。

此广告利用了触屏设备上一个微小但又常用的功能——解锁，制造了一次互动契机。"Slide to unlock"（滑动解锁）的意义具有一语双关的效果，既是一个指令，又是一个微小的行动。用户做好这个解锁动作，就能直观感受到大赦国际正在做的公益事业，微小的互动也会令人难忘。

图 6-2　奥迪解锁赛道广告

**案例：解锁赛道**

广告主：奥迪

广告代理：BBDO（巴西）

挑战：如何推广奥迪的平板电脑电子杂志？

创意：把解锁的轨道与赛道相结合

执行：广告利用了解锁功能，设计了一个互动环节。当用户在平板电脑上看到奥迪广告时，广告画面是一条类似赛道的弯弯曲曲的解锁条（如图 6-2）。用户必须使用手指点击解锁标志，并沿着赛道的轨迹完成一整条赛道，最终滑块冲过终点时，才能解锁。解锁后屏幕就会直接链接到奥迪电子杂志的应用商店官方下载界面。

利用解锁界面，我们可以做很多创意。但创意要与广告诉求相关联，解锁是为了让用户感受到品牌所要表达的理念。

## 2. 制造触屏意外

使用手机时，手指在屏幕上滑动，实现翻页等功能。长期的使用习惯让这些动作会下意识发生。移动广告展现于屏幕之时，如果能引发用户手指动作，触发指令，使得画面呈现出异样的事物，就能为用户创造新奇的体验。

触屏交互式广告要制造意外，给用户惊喜。好创意应该是人们在使用移动设备的过程中，不知不觉掉入广告主的"陷阱"。通常人们对于明显的广告有抵触情绪，尤其是移动互联网时代的消费者。

创意就是想办法排除人们的抵触，激发参与者的无意识。好创意让人措手不及，直达人心。人们由无意识引发的行为最后造成有意识的触动、认同。

**案例：自愈划痕互动广告**

广告主：日产汽车

挑战：日产公司发明了一种汽车表面的防刮涂层"Scratch Shield Paint"自愈技术涂料，可以自动修复划痕。它的成分是疏水树脂，与普通油漆厚度一样，一般自我修复需 1～7 天左右。目前这种油漆涂层已用在日产（Murano、370Z、X-Trail）和英菲尼迪部分车型上，也用在日本很多手机品牌中，并在苹果 iPhone4S 发布那年发布了"Nissan Scratch Shield"苹果手机套，号称是世界上第一个能自我修复的 iPhone 保护套。日产希望证明它们的 Scratch Shield Paint 技术在工业品上的应用。

如何用互动的方式来推广汽车自愈涂料技术？

创意：用手指滑屏来模拟在车上划痕的体验

执行：当读者翻阅电子杂志，出现一辆汽车侧面形象，大多数人第一反应是平面广告，大多数人习惯性地手指滑动，向后翻页。但在手指划动的一瞬间，屏幕中相应部位即车身侧面被异物划伤，耳边也响起金属间相互摩擦的声响（如图 6-3a）。过了几秒，画面中有划痕的车身自动恢复光滑表面，接着出现广告口号："日产汽车自动修复划痕技术。"广告最后出现由划痕呈现的品牌标志（如图 6-3b）。

图 6-3a　手指在屏幕上划过后在车身上留下的痕迹

图 6-3b　广告最后出现的品牌标志

该案例中，创意人员利用 iPad 上的滑屏动作和产品特点做了一个结合。让读者无意识中破坏汽车，制造意外。参与者的简单动作推进了故事的发展。最后的广告口号能自圆其说，让参与者理解广告的诉求点。或许这个互动广告还能成为"释放压力"的小游戏，激发人类的破坏欲，就像著名游戏"切水果"，通过爽快的发泄让人释放压力。

**案例：保险公司互动广告**

广告主：BRADESCO（巴西涉及银行、保险等业务的金融机构）

挑战：如何在 iPad 电子杂志上提醒读者保险的重要性

创意：滑屏动作引发屏幕中汽车的意外事故，从而与保险联系在一起。

执行：创意人员利用滑屏的习惯设计了一个互动广告。用户首先看到的是一个常见的汽车广告，看到广告自然而然会从右向左滑动荧幕，但在这时，画面中的汽车随着手指被一下子撞向了左侧的屏幕边缘（如图 6-4）。这时广告语浮现："生活中意外事件总是时有发生，BRADESCO 保险助你一臂之力。"

图 6-4　手指从右往左滑的瞬间，屏幕中的车被撞倒了屏幕的左边框

利用人们在使用移动设备时的滑屏习惯，利用读者亲手制造意外的交通事故，然后再配合文案说明。广告主单方面叙述并不一定受人关注，读者亲手参与，完成"临门一脚"，就会将读者拉入广告的叙事，使其印象深刻。

**案例：标致汽车公益互动广告**

广告主：法国标致（PEUGEOT）汽车

图6-5 虚拟的发短信后撞车画面

代理：Y&R

挑战：如何在iPad电子杂志上警醒人们"开车发短信很危险"？

创意：让读者亲身体验"撞车"过程

执行：当读者在iPad上看到这则汽车广告时，广告提示左右摇晃平板电脑进行试驾（重力感应技术）。试驾完毕，屏幕要求读者填写试驾姓名即可预约到实体店试驾。正当读者填写姓名时，iPad屏幕上迎面撞来一辆汽车，伴随着强烈的撞击声和虚拟的屏幕破碎，安全气囊打开（如图6-5）。画面中央出现一句文案："开车请勿发短信。"

原来，这是一则标致汽车赞助的公益广告"开车请勿发短信"。广告设计了一个圈套，先是呈现一个普通的虚拟试驾报名单，在你填信息时，并不是真的让你输入信息，而是触发了撞车的视频。

广告虽然简单，但令人印象深刻。比起直接给读者播放一个公益广告，告诉读者"开车勿发短信"，让读者参与到叙事过程中广告效果更好。读者在潜意识中觉得是"亲手"导致了撞车，广告就与受众息息相关了。文案恰如时机地出现，让读者久久不能忘却。

图6-6a 正常的女人脸

**案例：Vogue公益互动广告（如图6-6）**

广告主：Vogue杂志

挑战：如何在"国际消除对妇女暴力日"让读者有所触动？

创意：让读者亲身制造"暴力"

执行：Vogue杂志在iPad杂志上投放了一则互动广告。人们翻看电子杂志时，习惯用手指滑动页面来进行翻页操作。这时读者翻到了一页，画面中出现一个端庄的女性脸庞。人们通常以为这是某护肤品牌的平面广告，然后习惯性地继续滑屏翻页。突然，iPad中传来一声扇耳光的声响，同时画面中出现了一只手，扇了那个女人一巴掌，刚才干净的脸庞一下子变成一张头发散乱、黑眼圈、各种瘀青血迹的脸。最后屏幕中浮现广告文案："停止施暴——11月25日，国际消除对妇女暴力日"。

图6-6b 翻页触发的扇耳光动画

原来，这是一则公益广告。广告先是呈现正常的画面，让人误以为是商业广告。读者的滑屏触发了扇耳光的行为，读者就像"亲手"打了屏幕上的女人一样，潜意识中升起一瞬间的负罪感。广告文案适时呈现，自圆其说。普通人都会被突如其来的画面所震撼，对于"家暴问题"有更深刻的认识。

图6-6c 遭遇暴力的女人脸
图：手指从右向左翻页瞬间，屏幕上女人被扇了巴掌

### 3. 指尖互动游戏

**案例：癌症控制中心互动广告**

广告主：Juice（马来西亚癌症控制中心）

广告代理：麦肯广告公司

挑战：乳腺癌是女性第一大杀手，如何在一本女性ipad杂志上教会女性自主预防？

图 6-7　癌症控制中心在平板电脑上的互动广告

创意：创造一个利用手指滑动屏幕模拟按摩乳房的小游戏，让女性学会自我排查。

执行：用户翻看电子杂志到此页面。屏幕上方提示用户玩简单的手指游戏。游戏界面很简单，以一个粉色的小圆点为中心，按照旁白的提示，上下左右滑动，类似于滑动解锁行为（如图 6-7）。当用户玩过了三个游戏之后，屏幕上出现了一行字："刚才您已经学会了自我排查乳腺癌的方法"。最后马来西亚癌症控制中心"Juice"的标志出现。这时用户才恍然大悟，刚才绕着红点做的三个游戏，其实是比喻手在乳房旁按摩的动作，而只要记住按摩的部位和路线，女性乳腺癌是可以通过平时的自我检查来即时排查出来的。广告最后的文案中提示用户，按照这个做法平日保养，就可以有效避免患乳腺癌的机率。

利用触屏互动技术设计小游戏，让人们在游戏中学习生活小技能。游戏的界面设计也隐喻了人体部位，让人会心一笑。

图 6-8　大赦国际挡子弹游戏的界面截图

### 案例：挡子弹游戏

广告主：大赦国际

挑战：暴力游戏越来越受到年轻人的喜爱，俨然已成为一项产业。如何启发年轻人建立健康的反战意识？

创意：开发一款互动游戏，让人们体会暴力游戏的危害。

执行：创意人员开发了一款反战的游戏，这款游戏的视角是将玩家置入被枪决的位置，对面是向你开枪的刽子手。游戏开始后，对面的刽子手向玩家发射子弹，玩家需要用手指点击飞来的子弹，才能防止自己被杀（如图6-8）。如果在规定时间内成功逃脱，就能赢得积分。该款游戏在 APP 商店上售价为 0.99 美元，用户购买此款游戏即代表向大赫国际捐款。

广告主根据宣扬的理念，设计一个简单的触屏游戏。用一种娱乐化的方式来传递公益理念。游戏中可植入产品信息、品牌理念、品牌形象等各类元素。公益广告也可以做得很有趣。

## 4. 模拟生活经验

触觉不单单是手指的触碰，人体有那么多部位有触觉，与机器接触的部位却太少。创意就要大胆想象。

图 6-9a　移动设备上显示"亲吻处"

图 6-9b　移动设备上的"亲吻"

### 案例：Burberry 虚拟之吻（如图 6-9）

广告主：Burberry（博柏利）

挑战：Burberry 发布了最新的唇膏，想要为消费者提供独特的数字化体验。

创意：运用虚拟技术和移动技术进行了尝试，希望将亲吻献给远在另一端的爱人或朋友。

执行：品牌开发了一套名为"Burberry Kisses"（博柏利飞吻）的应用程序，主要在手机、平板电脑等触控设备上推广。该程序是一个用虚拟技术传递飞吻的软件。用户只要先将迷人的双唇对准摄影头，或直接"亲吻屏幕"

图 6-9c　写定制的邮件

图 6-9d　"亲吻"变作情书的封印

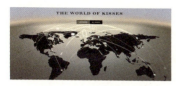

图 6-9e　Burberry 飞吻活动网站截图

在触控屏幕上留下唇印，软件就能通过"数字唇印辨识科技"捕捉下用户的亲吻唇印（就如同指纹识别技术）。同时，用户可以选择 Burberry 彩妆的唇膏颜色，替双唇变换颜色，增添亮点。这枚唇印最终将出现在信封的封口处。然后用户可以书写一段文本内容，放在信封内。最后，指尖轻轻一点，信件就会发送到用户指定的他（她）的手机上。当收件方打开虚拟的电子信封时，他（她）就能收到一个"飞吻"和一段深情的文字。

在视觉效果上，每个亲吻唇印都经过个性化动画内容的处理。当用户发出虚拟信件之后，屏幕会展现 3D 立体城市天际线，从用户所在地将飞吻献给对方，进入一场身临其境的个人化旅程。在即时互动式地图上，用户可以看到全球其他人之间传递着充满爱意的亲吻，地图上甚至还会显示哪些城市发送和收到的亲吻最多。整个过程中无处不在 Burberry 品牌的影子，数字信封上的邮票是 Burberry 商标，5 支数字口红来自 Burberry 美容新品系列。

对触觉的开发还有很大的想象空间。对人们生活经验的模仿也是一种提升触觉体验的方法。用虚拟模拟真实，比如用户可以在电子商铺一号店网站购物下单后参与虚拟刮奖，模仿现实中的刮奖条。虚拟涂鸦，模仿现实中的手指涂抹。凡是现实生活中的触觉体验，都可以延伸到虚拟世界中。

### 案例：蓝天自造

广告主：WWF（世界自然基金会）

代理公司：奥美（北京）

图 6-10a　划动手指将灰蒙蒙的天变蓝

挑战：如何让人们通过移动设备参与抵制空气污染的公益活动？

创意：开发一款能用手指消除大气污染的小游戏。

执行：主办方推出了一款"蓝天自造"的手机应用程序。参与者只需简单划动手指，即可将照片中被污染的灰色天空变为清澈的蓝色（如图 6-10a）。参与者可将改造前后的天空对比照片分享到微博和微信朋友圈以倡议抵制空气污染。另外，用户也可在手机屏幕上签名，操作方法同上。支持者的签名将被收集到一起，显示在官方网站上（如图 6-10b），用来倡导环保理念。

图 6-10b　"蓝天自造"签名墙

　　该案例的灵感来自于生活中人们总喜欢在有雾气的玻璃上用手指画图写字，这个生活经验就开发为屏幕上的触觉体验。这种现实与虚拟世界的切换很自然，能激发参与者的原始冲动。无需提前教育的互动才是最好的人机互动。

　　苹果手机自 5S 开始引入指纹识别设备，这是对触觉的一种拓展。指纹每个人与生俱来，因人而异，用户只要按一下指纹，机器就知道你是谁。指纹识别技术是机器触觉精细化的趋势，未来会有围绕它的应用产生。另外，多点触摸等技术增加了人机互动的触觉面积，为人机互动带来更丰富的体验。

## 5. 改善触屏体验

　　如果把移动设备当作一个机器人，触屏交互技术、重力感应技术就是机器人的感觉器官。机器人的触觉感知越来越接近人的触觉感知。对机器触感的挖掘就要回到人性化的角度，从人类触感的角度去思考，还有哪些值得改善的体验。

**案例：宜家"IKEA BERÖRA"触屏手套**（如图6-11）

广告主：IKEA（挪威）iPad 产品目录 APP

挑战：挪威正值冬季，人们穿上厚厚的衣物，再戴上手套，使用移动设备的触摸屏很不方便。如果在冬季推广一款 APP，是否得不到很多人的响应呢？如何才能让人们克服冬季使用平板电脑的障碍，让人们积极下载 iPad 产品目录呢？

创意：发明一种产品，帮助人们在戴手套的情况下使用触摸屏。

执行：IKEA 推出了一款叫作"IKEA BERÖRA"（挪威语的意思是触摸）。它只不过是经过特殊改装的电容线，在产品包装内，宜家提供了教程，教会用户把电容线缝在手套上，并缝成十字形，那么手套就可以在触摸屏上使用了。宜家故意将这款产品放置在 iPad 版产品目录中在线购买，所以消费者需要先下载软件，才能购买产品，这样就强迫用户提高了产品目录的下载量。

效果：贴心的产品获得了挪威人的支持。宜家在两周内卖掉了 12000 套"IKEA BERÖRA"，这款 iPad 产品目录在推出时的一段时间内 APP 排名立即上升到了第一位。

图 6-11a "IKEA BERÖRA"触屏手套产品

图 6-11b "IKEA BERÖRA"使用说明书

　　宜家作为一个家居品牌，充分洞察到人们在生活中遇到的问题，因地制宜地开发一款产品帮助人们解决问题。这款实用的产品收到了大家的欢迎。好产品就是好广告，好产品也能带动商家相关产品的销售。借用一个热销产品来带动一个软件的使用量，这也是未来很重要的商业模式。

## 三、重力感应技术与营销

### 1. 基于重力感应技术的营销

　　重力感应技术是指对地球的重力方向感知的技术。目前大多数移动设备上都装有重力感应芯片。以 iPhone 为例，它采用的加速计是三轴加速计，分为 X 轴、Y 轴和 Z 轴。这三个轴所构成的立体空间足以侦测到你在 iPhone 上的各种动作。在实际应用时，感应器通常是以这三个轴（或任意两个轴）所构成的角度来计算 iPhone 倾斜的角度，从而计算出重力加速度的值。

　　重力感应技术犹如为移动设备装上了运动感觉器官，让设备感受平衡、倾斜、摇晃等状态。机器感受到这些状态之后，能触发一系列的指令，比如屏幕横竖的自动切换，摇晃手机可触发某个功能。拥有运动感的移动设备与用户之间多了一种互动方式，这类互动方式也为广告创意提供了巨大的想象空间。

### 2. 摇摆互动体验

　　借助重力感应技术，移动设备可以感知操作者的动态。比如，它能感知操作者在摇晃它，从而实施某项指令，这就为人机互动带来了新奇的体验。

### 案例：健身俱乐部 iPad 互动广告

广告主：Villa Forma GYM（巴西的一家健身俱乐部）

挑战：如何利用互动杂志增强观众的体验，推广一家健身俱乐部？

创意：借助重力感应技术创作一个广告，使读者摇晃 iPad 从而改变广告中字体的粗细。以此来比喻健身前后的效果对比。

执行：在巴西一本健康类 iPad 杂志发布广告，当读者翻到广告页时，广告先不显示任何与品牌有关的信息，而让读者先输入用户名（如图 6-12a）。当屏幕上显示出读者的名字（以英文粗体显示）时，屏幕会提示读者摇晃 iPad。被摇了几下之后，屏幕上的字就会由粗体慢慢变成细体（如图 6-12b）。如果用户继续摇晃，字体会越来越细，直到屏幕上出现"移动你的身体，健康生活"的字样，最后 Villa Forma GYM 的品牌标志出现。

图 6-12a  摇晃前的健身俱乐部 iPad 互动广告

图 6-12b  摇晃后的健身俱乐部 iPad 互动广告

广告用这种互动方式来传达健身俱乐部的诉求。广告用读者名字的粗细来比喻身材，摇晃平板电脑来比喻运动，以此制造悬念。最后读者亲手参与摇晃后，出现的广告文案和标志，这就解答了之前留下的悬念，看到的人会觉得很有意思，互动与服务本身相关联。

### 案例：赛百味 iPad 互动广告

广告主：赛百味（Subway）

挑战：推广一款新上市的 BBQ 烤肉汉堡

创意：将烧烤时用于煽风点火的扇子和平板电脑的重力感应技术关联起来设计一款互动广告。

执行：他们设计了一款模拟烧烤时煽风点火的互动广告。当用户看到广告时，画面呈现一个放在火炉上的汉堡，但是火炉是暗的。屏幕上回提示用户触控"Fire"（点火）按钮，并提示迅速摇晃 iPad，就如同你拿着扇子扇风一样。过了一会儿，读者就会发现屏幕中汉堡下方的火势旺盛起来（如图 6-13），最后屏幕跳出赛百味 BBQ 烤肉汉堡全新上市的文案。

图 6-13  Subway 烤肉汉堡互动广告

在这个广告中，创意人员将平板电脑的使用体验和生活经验联系在一起，借助重力加速度技术，让移动设备模拟扇风动作。读者在参与互动之后，就能更深入地体验到赛百味"Eat Fresh（就要吃新鲜）"的品牌理念。这类互动广告特别适合好奇心强的受众。重力感应技术让人机对话变得生机勃勃，身体动起来比纯粹的触屏更让人印象深刻。

### 3. 平衡互动体验

重力感应技术在移动设备上还有一项重要的应用，就是判断机器是否平衡。一些平衡类的游戏就是依托这个技术来实现的，比如"平衡球"游戏，屏幕上的小球能感应用户手持设备时的平衡做出相应的移动，这就如同现实生活中端着一盆水。平衡互动能让人机互动变得更真实，由此而设计的游戏和广告也就能赢得消费者的欢迎。

图 6-14　酸奶重力加速度互动广告

图 6-15a　手机上的广告

图 6-15b　操作流程示意

**案例：酸奶重力加速度互动广告**

广告主：Liberte（酸奶品牌）

挑战：如何让消费者感受到酸奶自然的口感？

创意：在平板电子设备上创造一种平衡互动的产品体验。

执行：创意人员利用平板电脑的重力感应技术设计了一个 Banner 广告（如图 6-14）。当用户看到广告时，广告提示用户玩一个互动游戏。规则很简单，只需要把屏幕上的一颗蓝莓（显示的虚拟蓝莓）滚到屏幕下方的酸奶瓶里（显示的虚拟酸奶瓶），就有惊喜发生。当用户端着屏幕，上下左右倾斜平板，并把屏幕上的蓝莓滚入到酸奶瓶中时，画面就即刻显现 Liberte 品牌的广告文案。

效果：后来广告人员测试了广告效果，发现观众看到这个广告后平均停留时间为 46 秒，也就是说大多数人参与了"滚蓝莓"的互动游戏，而且大多数人滚得时间较长。

利用重力感应技术，广告主可以设计一些互动游戏。当受众成功过关后，它可以顺势推出广告口号或产品信息，这样就能加深受众对品牌的印象。

**案例：自来水计划互动公益广告（如图 6-15）**

广告主：联合国儿童基金会（UNICEF）"Tap Project"（自来水计划）

挑战：据统计，全球有 7.68 亿人没有干净的水源，而死于水污染的儿童数量也令人叹息。"Tap Project"（自来水计划）是联合国儿童基金会自 2007 年启动的项目，为了唤起公众对缺水的关注，基金会每年都会用不同的方式号召民众参与进来。该计划自启动以来备受关注。在移动互联网时代，如何让更多的人参与，为贫水地区儿童捐款？

创意：用一些简单的重力感应小游戏来引起大众对贫水地区儿童的关注。

执行：营销人员提出"静止 10 分钟＝捐献 1 杯水"的号召。首先人们需要用手机登录活动网站，只要将手机平放 10 分钟保持不动，就代表有一杯干净的饮水捐献给贫水地区儿童。只要持续的时间越久就会有更多的儿童受益。

借助重力加速度技术，让移动设备变成游戏工具，让公益变成游戏。让公益变得很有趣，这是吸引更多人参与广告营销活动的前提。

**案例：缓震跑鞋互动广告（如图 6-16）**

广告主：阿迪达斯

代理方：亿动广告传媒

挑战：Boost 新鞋上市，它是一种材质名称，具有超强弹性。如何告诉消费者这款鞋所用的 Boost 材质的特点，并激发他们的购买意愿？

创意：用手机重力感应游戏来体现鞋子的超强弹力

执行：创意人员设计了一个手机互动游戏。主界面是一个非常别致的鞋底形状的城市设计图。画面上有一个金属小球，用户通过手机重力感应晃动

第六章 触屏及重力感应技术与移动营销：人机交互体验

图 6-16a 缓震跑鞋游戏界面　　图 6-16b 缓震跑鞋游戏界面　　图 6-16c 缓震跑鞋游戏积分及文案界面

手机，可以让小球在页面内向上下左右弹跳。周围的地面有三种材质（水泥/EVA/Boost）的随机变化。根据不同材质，小球接触四周材质后会得到不同的弹跳力度和速度。屏幕左上角的分数显示小球弹跳的速度。用户可以看到，当地面材质切换到 Boost 时，小球的弹力明显加大，表现了 Boost 球鞋无与伦比的超强弹力。用户要避免小球落入页面下方的出口（类似于平衡球的游戏），坚持得越久，得分越高。

如果小球被用户掉进出口，游戏即结束，同时显现游戏分数。用户可以将游戏成绩分享至新浪微博及腾讯微博，即可获得一个积分。该积分可用于互联网游戏，这个游戏可以在网页上继续玩，最大的奖品是赢取全新 Boost 跑鞋。网站有快捷链接，为用户提供最近的门店信息，吸引感兴趣的用户前往购买。

效果：活动为期 30 天，该移动页面的总互动人次达到近 105 万，网站独立用户数约 43 万，活动期间共发出了近 18.5 万个积分。

　　假设品牌没有设计这种互动游戏，观众几乎就会忽视广告，更不用说停留时间来参与。
　　在现有技术条件下，尽可能多地尝试一些互动，让受众参与进来，完成品牌故事中的一道环节，这样能加深消费者对品牌的认知。

## 四、总结：增强营销中的人机交互体验

本章我们了解到触觉是人类很重要的感知世界的途径，触觉也是机器感知人类指令的途径。在其他人机交互方式尚未成熟之际，触屏交互是人类与移动设备之间交换信息的最可行的方法之一。

利用触屏中的行为习惯，我们可以增强人机交互体验。比如利用触屏习惯让人们在熟悉的场景中下意识地发现广告信息。我们也可以制造由用户触屏而触发的意外。广告也可设计成指尖互动的小游戏，让用户边玩游戏边接收品牌信息。

生活经验是灵感最大的来源。许多来自生活中的动作、习惯为触屏交互提供了源源不断的素材。我们也可以从消费者的触觉体验出发，改进硬件，模拟现实中的触觉场景，从手指到唇间都可孕育创意。技术要与营销诉求相关联产生有意义的联想。

重力感应技术让人机交互变得更人性化，让机器感知空间，具有了运动感和平衡感。我们可以拿着移动设备摇晃、平衡，让人机交互变得更有趣。最好的创意是能将技术与生活、人文联系在一起。谁能体察人性，善于观察生活，发现生活中隐藏的细节，谁就能拓展人机交互的想象空间，让营销直达人心。

**创意训练题：**

1. 基于移动设备上的解锁动作，为 20 个品牌创作开机解锁广告。
2. 手指滑屏翻页时能制造意外惊喜，请基于电子杂志平台，为 20 个产品创作互动广告。
3. 请整理 10 款移动终端上流行的触屏类游戏，并参考它们的游戏模式，开发 3 款游戏，用于某公益理念的推广（主题不限）。
4. 借助重力感应技术，为 20 个产品创作手机 Banner 互动广告。
5. 请借助指纹识别技术来创作一个互动广告，要求与产品诉求相关。

第七章

# 拓展机器感官与移动营销：体验人性

## 一、机器感官与营销

### 1. 机器模拟人类感官

视、听、触、嗅、味是人类的五种感官的功能。佛教有五识之说,即眼识、耳识、口识、鼻识、身识,乃人类感知世界、认知世界的通道。为了能让机器智能化,人类让移动智能设备模仿人类的感官,比如:摄像头产生了机器的视觉、听筒产生了机器的听觉、触摸屏的感知功能等同于机器的触觉。移动智能设备朝着越发人性化的方向发展。可穿戴设备寄居于人体,延伸了人类的五感。

### 2. 人机互动偏重视觉触觉

当今人与移动设备的互动,是偏重视觉和触觉的。通过机器屏幕,人类看到机器发出的信息,而通过触屏,机器获得人类发出的指令。听觉由声音识别技术完成,人类可以口授指令,机器"听到"后识别语音并转化成指令。嗅觉、味觉虽有技术可以实现,但投入大规模使用尚待时日。总的来说,以屏幕为中心的机器设计理念在短时期内还不会改变。视觉和触觉依然是最有效的人机交互的方式。移动营销的体验方式也偏重视觉和触觉。但如果是需要试吃的食物、试闻的香水、需要用肌肤去感受的护肤品等需要实地体验的产品,暂时无法通过移动设备送到消费者面前。

### 3. 拓展机器的其他感官

尽管如此,人类正在孜孜不倦地探索着人机交互的新方式,特别希望在听觉、嗅觉、味觉上有所突破。一些商家的大胆尝试,也为这些技术的普及提供了动力。新技术的发明拓展了移动设备的听觉、嗅觉和味觉"器官",也就为人们带来了听觉、嗅觉和味觉的新体验。

这类创意是以新技术为基础,创造新的人机互动方式,同时植入产品或服务信息。这类创意也可以成为产品研发的创意。

## 二、声音识别技术与移动营销

### 1. 什么是声音识别技术

声音识别(Voice Recongition)又称语音识别技术,是人工智能的听觉拟人化,根据声音采集装置得到的声响信息,通过内部数据库筛选,从而完成信息认证和识别的技术。移动设备上的语音识别应用是以苹果发布 iPhone4S 软件"Siri"为代表的,使用者可以通过声控输入的方式,来搜寻餐厅、电影院等生活信息,同时也可以直接收看各项相关评论,甚至是直接订位、订票。苹果公司将它比喻成你的私人助理。"Siri"软件使得移动设备有了听觉,能从周围环境中识别声音,并进行信息加工直至反馈给人类。

声音识别技术是移动设备更"智能"的又一里程碑,是人机交互的新方式。人类是多么希望人与机器间交流就像人与人之间以口语交流的方式一样,所以人机交互技术必然会走到"声音识别"这一步。它抛弃了"键盘"输入的繁琐,它让机器像人一样去听、去感知,而且能比人听到更多。

## 2. 声音是通关密语

声音识别技术可以发生在人机交互过程中，也可以发生在机器间的交互过程中。"让人听不懂"的信息反而成了一种安全的媒介。国内的阿里巴巴支付宝公司已经发布了"声波支付"的设备，原理就是把支付密码转化成声波信号，使得手机与其他媒体间能相互识别。安装有声波支付的自动贩卖机，只要打开手机中的"支付宝钱包"后，按照售货机的提示选择商品并点击手机软件"当面付"选项，即出现确认付款按钮。手机靠近感应器，并发出"滋滋滋"（一种特殊的声波）的声音后，支付即可完成，刚才选择的饮料就购买成功可以取出了，整个过程不到一分钟。声音识别技术的优点在于保密性高，而且使用简便。声音识别就像"芝麻开门"的咒语一般，让移动设备成为一把打开神秘之门的钥匙。

声音比纯粹的视觉媒体多了空间维度，声音信息的接受比起视觉来更简单。视觉需要人集中精力，而声音则可以在无意识中进行。移动设备就像是一个"信息包打听"装置，随时随地都竖起耳朵，帮助使用者听到信息。我们可以想象一下，未来的广播广告会与移动设备发生互动。当我们听到广播广告时，我们的手机上自然就会激发与广告有关的讯息，如果我们感兴趣，就可以转移到移动设备上进行后续互动。这种方式克服了声音稍纵即逝的缺点，让视频、音频广告也能与人进行深度的互动。

## 3. 基于声音识别技术的移动营销

在移动营销中，创意人员可利用声音识别技术，让移动设备与人和其他媒体进行简单互动，由此触发更多信息。声音具有时间和空间的特殊性，需要移动设备在场，这既是一种约束，也是一种独特的体验。

### 案例：可口可乐"CHOK奖"互动广告（如图7-1）

广告主：可口可乐（香港）

挑战：当前环境下，电视广告实在难以吸引年轻人的关注，如何通过一种新形式来唤起年轻人对电视广告的关注？

创意：运用声音识别技术，让手机与电视广告进行互动游戏，吸引人们关注电视广告并参与互动。

图7-1 可口可乐"CHOK奖"APP界面截图

执行：创意人员创造出一款名为"CHOK 奖"的手机应用程序。当电视中播放可口可乐最新的广告时，参与者只要打开软件，靠近电视，同时使劲摇晃手机，那么软件就可以"收集"到虚拟瓶盖，收集的瓶盖越多，消费者就可能得到越多奖品。

将传统的电视广告与新兴的手机 APP 联系起来，的确可以吸引更多的年轻人关注电视广告。新的事物总能引起一段时间内人们的热议。在移动互联网时代，传统的电视广告也有新的生命力。人们不仅从电视上收看广告，也从各类视频网站上收看广告。对于可口可乐来说，重要的不是人们采用什么办法来获得奖券，而是人们想各种办法去获得奖券的这种意愿。用一种新奇的体验让更多人参与活动，让更多人记住可口可乐，从整体上来说，是一次成功的营销。

从听觉的角度来思考广告创意，有时候并不需要新技术。回到声音本身，我们可以声音为卖点来吸引消费者。就像广播广告一样，人们习惯从移动设备中接受声音，人们佩戴耳机收听声音时，声音具有私密性。商家可以利用这种私密性，为用户提供个性化的听觉体验。

案例："Voice of Love（爱的声音）"APP（如图 7-2）
广告主：杜蕾斯
挑战：杜蕾斯研究认为："人类身上最大的性器官其实是大脑"。杜蕾斯声称，通过声音对大脑的刺激，它们完全可以激发人们美妙的性幻想。如何利用这个洞察来为消费者创造需求？
创意：将性元素化作各种声音和虚拟道具，激发用户的性幻想，从而激发其购买冲动。
执行：杜蕾斯在 2013 年推出了一款"Voice of Love"（爱的声音）的手机应用程序。下载程序后，用户可以选择四种不同类型的型男美女（虚拟形象）。他们都拥有性感迷人的身躯，暧昧骚动的声线。"他们"是用来与用户进行互动的虚拟对象。用户选择某个形象，他（她）就开始发出激发人性幻想的声音。软件提供了各种滑动、吹气、摇一摇的功能，用户不仅听，还可以与虚拟的对象进行互动。根据用户不同的互动程度，虚拟对象会发出不同的声响。最后，软件根据用户与虚拟对象的互动情况，推荐一款适合的杜蕾斯产品，如果分数高，软件也会出现一些优惠券作为奖励。

图 7-2 "Voice of Love"（爱的声音）APP 设计

这款软件游戏画面设计得很隐晦，但由于声效的关系，使得用户代入感极强。官方视频还推荐大家戴耳机来使用，以免发生不必要的误解。

移动设备化身虚拟形象，发出诱人声响。软件制造感官诱惑的错觉，让使用者心花怒放。如同增强现实技术为视觉带来更丰富的体验，以声音为卖点的创意为听觉带来更丰富的体验。移动设备使得商家与消费者之间的互动更私密，反馈速度快。移动设备就像商家的化身一样，能与消费者直接对话。

图 7-3 Cinemode 模式界面

**案例：手机静音奖励活动（图 7-3）**

广告主：美国连锁影院 Cinemark（喜满客影城）

挑战：现代人不管走到哪里，都能听到各种各样的手机铃声。有时候在图书馆、电影院以及音乐厅等需要安静的公共场所都会有手机不合时宜地响起，影响到他人。影院人员也常常会提醒观众在看电影的时候自觉将手机等移动设备调到静音状态，以便营造一个良好的观影环境，但是往往效果并不明显。如何引导人们自觉调到静音状态？

创意：只要在看电影时把手机调到静音模式，观众就可以获得奖励。

执行：Cinemark 在现有的官方应用程序上增加了一个"Cinemode 模式"。当影片即将开始放映前，观众可以打开应用并启动 Cinemode 模式，应用就会提示用户将手机调到震动模式，随后手机屏幕会自动变暗。只要用户每次在看电影时能将手机保持在静音状态，就能在软件上获得一些奖励。比如：爆米花券、免费饮料、免费电影票等。只要用户能保持这个习惯，就能在该影院获得更多的优惠。

这是一款能保护和最大化观众的观影体验的工具。影院、图书馆等需要安静的公共场所也可以利用这个创意来吸引人们。奖励方法是一种刺激手段，但它能让人养成自觉的习惯。

创意是以声音为源点展开的逆向思维，以无声胜有声。该案例虽然没有使用声音识别等新技术，但它能洞察人性，回归广告的基本原理，依然能获得好的效果。

# 三、数字化嗅觉味觉与移动营销

## 1. 嗅觉味觉的数字化

据 2013 年 7 月 3 日俄罗斯《都市日报》报道，英国设计师艾米·拉德克利夫和海伦·康柏·韦斯设计出一款可捕捉气味的照相机，使用者可以用它保存自己喜欢的气味。正如普通照相机可以捕捉画面一样，这一新型装置可以保存气味（图 7-4）。

如果一个人喜欢糖果店的气味，你只需要把相机放到气味源附近，相机中的泵会通过塑料管提取物体的气味，然后记录气体的分子信息，生成气味图谱，该气味就可以被再次创造出来，唤起你的美好记忆。这项技术本身并不是新发明。早在 20 世纪 70 年代，瑞士化学家罗曼·凯泽已经能够记录气味。如今这项技术只是更加贴近普通消费者，能区分不同的香气，让使用者可以不断回味。

图 7-4 气味照相机

早在 2004 年，英国沃里克大学的科学家们研制出了一种电子舌头，该电子舌头只有 8～10.5mm，它能够产生一种声波，通过微粒晶体表面进行传播并能听出"液体"的回应。它能够分辨出四种不同的味道：酸味、甜味、咸味和苦味。

2011年，西班牙巴塞罗那自治大学的科学家研发出一种电子舌头，该产品利用电子传感系统和先进的计算程序，能够分辨出西班牙起泡卡瓦酒（Cava）的不同等级。2012年，法国国家科研中心的研究人员发明出一种创新的组合方法，大大简化了电子舌的制造过程。这种更为简单的方法有助于降低电子舌的造价，从而进一步普及其应用。通过这种方法制成的电子舌不仅能够辨别结构非常相近的蛋白质，当混合物中同时存在多种蛋白质时，还能明确区分出每种蛋白质的"味道"。

一旦机器的嗅觉和味觉能够数字化，那么机器也就可以获得人类的嗅觉和味觉感官。相较于人类，机器的嗅觉、味觉感官能够转换成精确的数据，可模拟、可复制这些特点将便于嗅觉、味觉信息的存储与传输。

## 2. 拓展手机的嗅觉味觉

摄像头本来不是移动设备的必备。厂家创造了这样的需求，改变了人们的使用习惯。现在人们觉得摄像头是必备，那么诸如味觉、嗅觉等外设完全有可能成为移动设备的另一个必备。假设这些感应器通过工艺改进，能像摄像头一样做到足够小，未来的移动设备就能拥有人类的大部分的外部感觉器官，成为人类器官的延伸和补充。

图 7-5　ChatPerf 气味发送外设

如果味道可以数字化，那这又会是一场工业革命。这些技术可以成为与香味、食物品牌与消费者直接连接的基础。未来会有越来越多与气味有关的产品，能使用这种技术来展示产品。

日本 ChatPerf 公司研制开发了一款气味发送手机外设装置（如图 7-5）。它与苹果的 iPhone4S 手机差不多宽，高约 2cm。右端有一个可以喷出气味的孔，下端有一个塑料槽，用来存储各种气味。产品可以让用户单独使用，比如在类似做瑜伽（香薰的味道）、玩游戏（火药味）时都可以散发相应的味道，增强玩家的现实体验。如要通过手机远距离发送和接收气味，双方的手机必须都安装这个外设和相关应用。发送方按动手机屏幕上的"喷"按钮后，接收方手机小装置上的灯就会亮起，味道随即从右端的孔中发散出去。

你可以在与朋友聊天时，发送点香味来表达情绪，你也可以在手机收到新邮件时也散发香味，提醒你及时查收。总之，我们可以运用各种方法来激发气味发送装置。

图 7-6　SMELL 外设插于 iPhone 上

日本 Scentee 公司发明的一款外设手机气味，让用户可以闻着 BBQ 的烤肉味吃饭。它不仅只有烤肉味，还有其他如椰子、咖喱、薄荷等香味。用户只要这套味道发散装置（图 7-6），购买不同的香料替换装就可以享受不同的味道。装置的工作原理类似于室内加湿器。它是一个插在 iPhone 手机听筒上的外设装置。用户使用时，需要下载官方 APP，然后在屏幕中选择想要的香料，并在装置上插上相应的香料替换装，手机画面上就会显示这个香味的物品，而外设中就会释放所选物品的香味。

这些外设拓展了移动设备的嗅觉感官。外设为依赖香味推销产品的商家提供了想象空间，香水、咖啡、食品类品牌都能使用它来开发产品。它也能做成一个平台性的外设装置，与不同品牌合作，提供产品试用和其他服务。

## 3. 基于数字化嗅觉味觉的移动营销

散发味道的外设能提供一种独特的嗅觉味觉体验。如果在其中植入产品信息，它们即可成为产品体验的工具。

图 7-7　爆米花手机外设示意图

**案例：爆米花手机外设营销**

广告主：PopSecret（爆米花产品公司）

代理方：Deeplocal

挑战：玩手机游戏，耳朵、手、眼睛都可以感知到，但是鼻子却一无是处，如何让人们在玩游戏时体验到爆米花的香味？

创意：开发一款专用的散发爆米花香味的外设，在手机游戏中加入嗅觉体验。

执行：创意人员首先为爆米花公司开发了一款"POPTOPIA"的手机游戏，然后专门设计了一个会散发爆米花香的手机外设（如图 7-7），派发到用户手中。用户只要事先将外设插在手机上，然后玩这款游戏，那么就可以边游戏，边闻到爆米花的香味。

这个案例给予我们很多启发。以后可能会有越来越多的和气味有关的产品可以使用这种技术。最自然的联想如：卖香水的公司可以推出这样的外设，让用户玩一个香水游戏，并试闻不同的香水。

图 7-8a　Oscar Mayer 的外设广告示意图

图 7-8b　Oscar Mayer 的外设广告示意图

**案例：Oscar Mayer 培根味唤醒器（如图 7-8）**

广告主：美国食品公司 Oscar Mayer（以培根肉、热狗、火腿优良品质而闻名）

挑战：一家食品公司如何用除视觉和听觉以外的感官诱惑来引起人们的注意？

创意：发明一种培根味的液体熏香手机外设

执行：Oscar Mayer 公司开发出这套用声音和气味唤醒用户的 APP 和外设，它的气味不是别的，正是培根肉的香味。Oscar Mayer 精选出优质的培根肉，精确地切割出培根肉片，再经过燃烧特殊的木柴烘熏，最后通过特制的机器收集起这些充满诱人香气的烟雾，将其压缩成液体，置入精致的设备中。使用这小配件时将其插入手机的耳机插孔，再打开 APP 与之相连，设定闹钟，到预设时间时，手机就会发出煎培根熏肉的"嗞嗞"声，手机屏幕上显示的烤肉图片也是动态的，还有摄人魂魄的培根肉香，可谓是色香味俱全。

虽然这些案例看起来像是病毒营销，商家希望用这种另类新奇的方式博得大众眼球，但在技术上它们都已经可以实现。只要时机成熟，移动设备上的嗅觉、味觉外设就会引爆新的营销机会。

## 四、手机外设拓展机器感官

### 1. 什么是手机外设

手机外设，即指围绕着手机而发明的各种拓展功能硬件设备。它们是对手机某些硬件功能的拓展，比如无线摄像头，是对自带摄影头的延伸，一些体质测量仪器是增加某些手机不具备的感应设备。不仅仅是手机，所有移动设备都可以支持外设拓展。

移动外设为移动设备锦上添花，弥补了移动设备暂时无法实现的硬件缺陷，但又没有为设备增加太多负担。移动设备外设的想象力是无穷无尽的,外设是发挥创意的地方,也是广告创意可能找到新空间的契机。

## 2. 拓展机器感官的外设

索尼公司发布了支持 iPhone 的手机外设"无线镜头——QX10 和 QX100"(如图 7-9),它们能够与手机无线连接,然后把手机屏幕当作拍摄操作台,进行遥控拍摄。此类摄像外围设备就是对手机摄像功能的拓展。以此思路,我们可以发挥极大的想象力。如果将移动设备当作终端,把外围设备当作接受信息的感觉器官,我们就能将移动设备进行无限的延伸。

图 7-9 索尼发布的无线镜头——QX10 和 QX100

Breezing(呼吸)是一种用以测量你身体状况的手机外设(如图 7-10)。使用时,用户只要将吹嘴放入嘴里片刻,设备内的传感器则会自动对人体的静息能量消耗及新陈代谢速率进行检测,然后得出用户卡路里的消耗速率。Breezing 还将追踪人体的呼吸系数,评测用户消耗二氧化碳和氧气的比例,这样用户就可以根据这些数据做出调整。Breezing 检测出来的数据将通过蓝牙传输到用户的智能手机或其他移动设备上,用户可以到社交网络平台上将数据分享给好友。

美国科罗拉多州的 Thinkslabs Medical 公司发布了一款数字听诊器(如图 7-11),通过电子化放大技术,将胸腔发出的声音扩大了 100 倍,然后通过手机应用来分析使用者的身体状况。这款听诊器名叫"The One",它配备了一个电子屏幕,3.5mm 二耳机插孔,一款桥接设备"Thinklink"将移动设备或计算机与听诊器连接在一起。

图 7-10 Breezing,一种用以测量你身体状况的手机外设

公司开发了一款名为"Thinklabs Stethoscope"的手机应用,主要使用者是医生。医生可以用它来录制音频,选择性地过滤部分声音,然后仔细收听病人器官的声音。不仅如此,医生还可以放缓或单独抽取出某些特定的声音,与其他医生分享记录,共同研究病情。公司还开发了一款用户简便使用的应用程序"iMurmur"。利用它,用户可以自己收听不同类别的心脏声音的录音样本,软件会自动帮助你分析身体状况,然后为你出谋划策。

图 7-11a The One 听诊器

此类外围设备未来会围绕着健康、医疗、运动等行业展开探索。它们部分替代医院的功能,让每个人都能随时了解自己的身体,以此改善生活方式。

## 3. 基于手机外设的移动营销

图 7-11b The One 听诊器

外设是移动设备上的配件,是一种产品。产品本身就能表达一种理念。当产品变身赠品,产品就是一种最直接的广告形式。当外设的成本降低,如今看来是高科技的物品,也许未来只不过是街边赠送的免费报纸。

### 案例：公益献电手环（如图 7-12）

广告主：NarMobile（阿塞拜疆的一家电信公司）
代理方：Y&R
挑战：阿塞拜疆是世界上最高贫血症出生儿的国家，如何鼓励人们多捐血成为一个问题。
创意：开发一款外设产品，让手机之间互助充电，以此来比喻捐血。
执行：电信公司 NarMobile 推出"Donor Cable"（捐赠线）手环，这个手环的特别之处是，可以让有电的那部手机给没电的手机捐献电力。手环上有一行广告语"捐电拯救手机，献血拯救生命"。用户在 NarMobile 店内买一部手机就能免费得到一个"Donor Cable"手环。同时，公司也推出了一款显示附近哪里有捐血的地理位置软件，让人们能去最近的采血车献血。
效果：该公益项目引起了当地媒体的热烈讨论，一些名人也纷纷在社交媒体上支持该项目，捐血的人数同比增长了 335%。

该产品存在的价值，是帮助人们解决一个实际问题，从而传达某个理念。产品与营销融为一体，产品的使用体验与传递的理念相关联。假以时日，此类帮助人们解决生活中问题的产品，就会成为营销的法宝。

图 7-12a　Donor Cable 手环

图 7-12b　将手环拆开后分别插入两个手机的充电接口

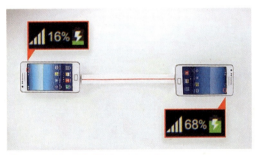

图 7-12c　手环连接线将电量高的手机中的电量转化到电量低的手机中

图 7-12d　APP 软件还具有地理定位服务，告诉用户最近的献血站

## 五、总结：拓展感官，体验人性

数字化的技术将会模拟大多数感官体验，当人类身处这种数字化的洪流中，能打动人的内容依然是那些本身存在于人类意识中的底层代码。人类总是喜欢新鲜的、美妙的、快乐的、幸福的事物。越是数字化的信息时代，就越是需要呼唤人类的本能。

如何从虚拟空间转换到现实空间，这是所有营销人员所要考虑的终极问题。

### 创意训练题：

1. 运用声音识别技术，为某汽车保险公司创作一个广播广告，让人们积极参与。
2. 设计一款外设产品作为广告战役的赠品，用于表达某个公益理念。
3. 以移动外设的思路，为 20 个品牌各发明一种用于推广产品的外设及其 APP。
4. 你认为哪些外设功能在未来将会被整合进手机，哪些将很快消失或被取代？为什么？
5. 为某汽车品牌设计一场路演活动，需借助各种虚拟技术，提升消费者多维度的感官体验。

第八章

# 跨屏互动营销：
# 连接的力量

## 一、传统媒体与移动营销

### 1. 传统媒体集体触网

传统媒体是指报纸、杂志、电视、广播等存在已久的媒体形式。这里的传统媒体是一种狭义的概念,指的是载体。人们依然在客厅观看电视、用收音机收听广播、翻看纸质的报纸和杂志。这些传统媒体暂时不会消亡,只会以多元化的形态呈现于各种载体之上。

事实上,现在的传统媒体都已经进入了互联网,报纸、杂志呈现数字化趋势;电视、广播呈现互联网趋势。我们可以把进入互联网的所有传统媒体都纳入互联网的范畴。移动互联网的出现使得传统媒体又拓展了新空间,即与移动智能设备进行连接,从而提升受众的体验。为了方便说明,我们依然保留了报纸、杂志、电视、广播等媒体的称呼,它们已在人们心中形成了既定印象。

### 2. 移动设备串联不同媒体

借助移动互联网和各类通信技术,移动设备与传统媒体得以实现连接。移动设备是对传统媒体的一个补充,也为传统媒体带来新的体验。

二维码、图像识别技术使得杂志、报纸等印刷媒体出现了一个进入互联网的入口。移动设备借助这些入口进入互联网,然后再"反哺"回印刷媒体。印刷媒体将无法承载的多媒体信息委托给移动设备。声音识别技术使得电视、广播等具有声音属性的媒体与移动设备间产生共鸣,拥有了对话的可能性。

近场通信技术、定位服务、WIFI等技术,使得移动设备与传统媒体具有了某种空间属性。当两者都在场的情况下,双方互相判断对方的存在,获得信任之后便能交流信息。移动技术得以盘活纸质类、实物类、装置类、户外的传统媒体,使其智能化,相互传输信息。

增强现实技术拓展了传统媒体的视觉体验,让人们对传统媒体产生更多新奇感。触屏技术、重力感应技术、体感技术等将移动设备打造成传统媒体的遥控装置,为移动设备与传统媒体间互动提供保障。

### 3. 以移动设备为中心的营销

移动设备"盘活"了各类媒体。实现了不同媒体间的信息共享,以移动设备为中心展开营销活动。大致分为以下几种可能:

移动设备与纸媒的互动营销,主要指原本在报纸、杂志、户外海报等纸质媒体上投放的广告,消费者利用移动设备看到更多内容,并与品牌进行互动。移动设备与电视电脑的互动营销,主要指原本在电视、网站等显示屏上投放的广告,消费者利用移动设备能与之进行互动。移动设备与户外装置的互动营销,主要指消费者利用移动设备与户外广告或装置进行互动,参与线下活动。移动设备与影剧院的互动营销,主要指观众利用移动设备,在影剧院中参与营销活动。

传统媒体的劣势在于互动性弱,受众参与度不高。移动设备介入之后,传统媒体找到了一种"曲线救国"的变通方式,它们就能在移动互联网时代扬长避短,历久弥新。

## 二、基于移动设备的互动营销

### 1. 移动设备与纸媒互动

报纸、杂志上的内容是静态的图片和文字的结合。借由移动设备,读者可以通过移动设备的屏幕看到报纸、杂志上相应内容的多媒体信息。比如从单纯静态的图片和文字转化为动态的视频和音乐,从平面的呈现到立体化的呈现。移动设备主要应用二维码、增强现实技术、触屏技术、体感技术等与传统媒体进行互动,提升使用者的感官体验。

**案例:《东京新闻报》增强现实技术**

广告主:东京新闻报

挑战:在报纸媒体濒临倒闭的环境下,看报纸的人越来越少。日本《东京新闻报》发现,报纸的读者主要是老年人,而日本是老龄化现象严重的国际。他们也发现日本老人经常和自己的儿孙在一起玩。如何让阅读报纸成为爷孙俩的娱乐活动?如何吸引儿童和爷爷一起看报纸?如何留住这一部分老读者,吸引新读者?如何吸引新的广告主?这些都成了《东京新闻报》之类的传统报纸面临的问题。

创意:尝试运用移动设备,开挖报纸的潜力。

执行:他们借助增强现实技术开发了一款专门的手机应用程序。在阅读报纸时只要打开软件,并对准纸质报纸的某一位置,手机屏幕就可以把报纸上的内容变成相应的虚拟动画。比如:一篇关于火箭发射的新闻经手机扫描后,屏幕上就会显现一个卡通形象的火箭发射。报纸上的各类新闻都变成了寓教于乐的动画。原本在报纸上的广告,经过手机扫描后,静态广告就会在手机中呈现出动态的效果,甚至也能配合声效。(如图8-1)

图 8-1a  手机扫描报纸名后的动画效果

图 8-1b  手机扫描新闻栏目后的动画效果

图 8-1c  手机扫描报纸广告后的动画效果

这个软件把传统的报纸新闻变成儿童喜闻乐见的动画,让报纸不仅成为老人的专属,也成为儿童获取知识的新玩具。现在的孩子喜欢玩手机、平板电脑,缺乏与长辈的沟通,而这种老人小孩一起读报纸的创意,增加了孩子的兴趣,也可促进亲人间的交流。

同时,《东京新闻报》的技术创新,也是报纸媒体寻求变革的一种积极尝试。这类新技术的运用也会同时增加读者量,特别是年轻人阅读报纸。最后《东京新闻报》也开发了一种报纸广告的新模式。报纸广告能借助移动设备来拓展内容。它能为报纸媒体带来新的广告增长点。如果这套系统推而广之,投放报纸的广告主就可以借助它与读者进行互动,想象空间还是比较丰富的。纸媒还会长期存在,通过这些尝试,纸媒可以有自我革新的机会。

"随手动"是一款基于增强现实技术的 APP 应用,由《重庆时报》移动互联网部门独立自主开发并运营。"随手动"可以将虚拟的数字信息(视频、3D 动画等)与现实世界叠加在一起,让

图 8-2a 重庆时报"随手动"演示视频截图

图 8-2b 重庆时报"随手动"演示视频截图

图 8-3 大众报纸上的汽车互动广告

一成不变的报纸生动起来。读者在看报纸的时候，用手机的摄像头对准报纸上有"随手动"标记的图片，就可以在手机上看到相应内容的多媒体版本（图 8-2）。

同时，"随手动"也支持户外广告牌、实物识别等功能。它们的原理相似，都是在现实世界中提供一个"信息触发点"，借由图像识别技术，使得移动设备识别之后再连接到互联网，显示上面的内容。在整个环节中，一个权威的移动 APP 成为传播成功的关键。选择一个 APP，即选择了这个系统中所有的内容，它能成为广告发布的新联盟。

**案例：报纸上的汽车游戏**
广告主：大众汽车"UP"小型车
挑战：如何在报纸广告上体现出"UP"车灵巧的特点？
创意：借助移动设备设计一个互动广告，让虚拟"UP"车在报纸的文字间隙间行驶。
执行：创意人员在报纸上投放了一则利用"The Newspaper Gutter Space"（报纸行间距）的互动广告。首先是一则传统的汽车广告，在旁印上二维码，文案提示扫描后可看到更多。读者扫描之后，手机中就会显示一辆虚拟小车，文字栏间距成了汽车的道路，小车自动行进（图 8-3）。行驶过程中，如果遇到凸出的字母，小车就会灵巧地避让，如果遇到突然出现的字母，小车就会刹车停下。同时，屏幕上会显示诸如"ABS"（防抱死系统）等汽车领域的技术。

这个创意拓展了传统平面广告的空间。它巧妙地将产品的特点与纸媒排版的特点关联起来，让读者觉得既新奇，又贴切，以此来表现"UP"小车在如此细小的空间也能应对自如的特点。

利用移动设备，传统的纸质报纸广告和杂志广告就能变得生动有趣，能让读者一起参与挖掘内容。纸质媒体具有电子媒体无法替代的特点和气质，并不会被淘汰。纸媒的内容会越来越精致，加之移动设备的介入，纸媒也能开出第二春。

## 2. 移动设备与电视电脑屏互动

随着声光电技术的发展，我们将生活在一个到处都是屏幕的世界：电视机屏幕、电脑屏幕、手机屏幕、平板电脑屏幕、户外广告屏幕。原本在电视、网页上投放的广告都是相对独立的。屏幕只是将原本静态的信息呈现为多媒体的信息。

随着移动互联网技术的普及和移动技术的发展，现在我们可以借助移动设备，将它作为"控制"其他屏幕的"遥控器"，从而参与屏幕中的互动广告中的互动部分。

手机小屏幕显示效果存在局限，但携带方便。电视、电脑等大屏幕显示效果好，但无法移动，互动性也不强。小屏幕与大屏幕之间相互配合，就能扬长避短，发挥合力。大屏幕主要负责吸引注意力，告知信息，而小屏幕成为信息接收和发送装置，小屏幕连接到用户手中，就能个性化表达信息。

大屏幕显示核心信息，小屏幕显示附加信息。大屏幕稍纵即逝，小屏幕长久可携带身边。一般电视广告时长都在 15 秒～30 秒，表达的只能是最核心的诉求点，而且一闪而过，很难让观众产生太多的记忆。移动设备接过电视广告、网页视频广告手中的接力棒,将详细的有关广告的信息呈现出来,如果观众感兴趣,那就可以进入下一步的互动环节中。实现"跨屏合作"的主要技术有:图像识别技术、声音识别技术、触屏技术、体感技术等。

图 8-4a　Sam Groth 出演的电视广告截图

### 案例:双屏互动网球游戏广告(如图 8-4)

广告主:起亚(KIA)汽车

挑战:起亚汽车是当时澳洲网球公开赛的赞助商,如何利用契机传播品牌?

创意:电视广告与手机屏互动,与观众进行互动。

图 8-4b　手机与电视广告互动的示意图

执行:在澳网公开赛期间,起亚拍摄了一条电视广告片,并开发了一款网球手机游戏 APP。观众可以跟随电视广告,拿起打开游戏程序的手机,用户可以用手机参与击球,从而赢取积分。在电视广告中,他们邀请当时世界网球最快发球纪录保持者 Sam Groth 参与广告的演出,在 Sam Groth 汽车广告的最后——电视广告的结尾 10 秒处,广告右上角会有倒计时,提醒用户,拿起手机准备击球。电视画面中,Sam Groth 发出一记球,如果用户拿起手机,模仿击球的动作迎球而击,那么就能回击来球,获得积分。在最后统计的结果中,谁的分数最高,谁就将有机会赢得一辆起亚汽车。

图 8-4c　手机与电视广告互动的示意图

　　该案例启发了我们电视广告与手机间进行互动游戏的可能性。手机等移动设备的出现使得电视也顺其自然地进入了互动领域。移动设备充当了一个万能遥控器,电视中播出的任何广告都可以留下一个"入口",让移动设备进入。基于移动互联网平台,电视内容就能与手机中的内容实时交互,从而让观众参与到互动广告中。未来的电视广告将变得越来越好玩,就像是曾经的家用游戏机一样。观众在"玩广告"的同时接受产品信息,商家也可趁热打铁,做后续营销。

### 案例:TNT 功能饮料双屏互动(如图 8-5)

广告主:巴西 TNT 功能饮料

挑战:TNT 是巴西搏击赛事的官方赞助商,广告主希望能借机造势。

创意:借助官方网页和移动设备体感游戏,让观众参与互动搏击,并赢取入场票。

图 8-5a　用手机打开官网进行同步

执行:创意人员在 Facebook 的活动官网上发布了名为"PUNCH FACE"(击打脸)的游戏。用户只要用手机登录该官网的手机端,并输入网页上的密码,就可以与电脑页面同步。网页画面转至一位搏击选手,他正"面对"着你。这时,用户需要握住手中的手机,并对着电脑屏幕挥做出拳的动作。这时,画面中的搏击选手就会出现模拟"挨揍"的画面,同时电脑屏幕会显示玩家的得分。得分越高,就越有可能获得大奖。

图 8-5b　屏幕中模拟"挨揍"的拳击运动员

　　该广告游戏的原理与起亚网球游戏的原理差不多,都是把手机当作游戏控制器,把电视和电脑屏幕当作游戏界面显示屏。这类互动游戏可以有很多想象空间,未来的电子游戏也许就会以这种模式进行。商家将广告信息植入到游戏中,消费者玩游戏,看广告,赢大奖。广告、电子游戏、电视节目的边界会越来越模糊。

　　电视媒体的最大优势是现场直播,与现实世界保持同步。现

图 8-5c　功能饮料双屏互动游戏主视觉画面

场直播已不再是电视的专利，电脑、平板电脑、手机等，只要能上网的电子屏幕都能收看现场直播。不过大多数人观看现场直播的状态是这样的：眼睛盯着电视、电脑等大屏幕，手里还拿着手机刷着社交媒体，当直播画面不很精彩时，就会看看社交媒体上朋友们的评论、吐槽。这是现代人使用媒体的真实写照，何不利用这个机会进行营销？

### 案例：实时猜球游戏（图 8-6）

广告主：Heineken（喜力）

代理方：AKQA 公司

图 8-6a 猜测守门员扑救角度的界面

图 8-6b 喜力实时猜球玩家得分界面

挑战：喜力是欧洲冠军联赛的主要赞助商。如何利用这样的契机，让品牌在球迷心中深入人心？

创意：创造一个现场直播与手机互动的实时猜球游戏

执行：喜力公司首先创造了一款手机游戏，并为此款游戏专门搭建了一个信息平台，球场上发生了各种比赛信息都会实时传送到服务器上，用来判定游戏玩家的结果是否正确。手机上的信息与现场转播同步。用户下载此款 APP 后，可以在欧洲冠军联赛进行时，对球场上发生的各种事实进行预判。比如，如果球场上某队获得任意球，玩家可以竞猜任意球的结果，如果玩家猜对了就可以得分。如果是点球情况的话，玩家甚至可以猜测点球的走向（如左上、右下等等），如果猜对了，那么一样可以得分。当进攻球队即将攻入对方禁区，可以按下特定键表示"我打赌会进球"，30 秒后如果真进球了，那么玩家也将得分，如果没进球，玩家也会被扣分。

图 8-6c 喜力实时猜球游戏玩家分数排行榜

另外，喜力公司在游戏中加入了"排行榜"机制和社交功能，也就是说只要参与此游戏的用户都可以与全世界的其他球迷比拼自己的猜球水平。玩家也可以把看球时的各种感想写下来，发送到专门的网络社区上，把喜怒哀乐分享给全世界的朋友们，使得看足球的过程变得更具社交化。最后，喜力会根据猜球的结果给予排名靠前者各种奖励。一大箱的喜力啤酒奖品，自然是不在话下。

如果你有和别人一起看球的经历，就一定会经常听到有人说"看看，我就说他会进球！"。或者你有赌球的经历，一定会被球场上的风云变幻搞得心情跌宕起伏。这个游戏软件就让我们体验这种身临其境、跌宕起伏的感觉。可以说，整个游戏程序就是为铁杆球迷设计的，它把看球的过程也变成一次脑力激荡，考验足球爱好者看球的专业水平。

喜力作为欧洲冠军联赛的赞助商，充分将这个特权融入它的广告传播中。比起单纯的冠名赞助，喜力的做法更具参与性。虽然开发这样一款实时竞猜的游戏需要耗费很大的人力物力，但是这种广告传播力无疑是惊人的。品牌利用人们看球的时间和娱乐精神，为球迷们提供了啤酒以外的游戏工具，游戏的每个环节设计也都体现着喜力品牌的形象和气质。在这样一种特殊的气氛下，人们会将喜力品牌与看球经历一同植入脑海中。这些都无疑增加了用户对品牌的知名度与认同感。该案例也荣获了 2011 年夏纳广告节金奖。

如果想得更远一些，这个游戏程序，会不会成为一种常态的游戏被引入欧足联，甚至在世界杯中推广？人类赌球的传统由来已久，这样的竞猜类游戏，是否也可以打消许多人赌球的念头，却也不失去赌球的乐趣。一个营销活动也能延伸成为一个移动互联网产品，它的本质就是线上线下实时互动的移动互联网服务。

## 3. 移动设备与户外媒体互动

户外媒体因移动设备的加入，被注入了实时互动的基因。除了与电视、电脑显示屏类似的互动方式以外，户外媒体能让消费者现场参与，现场获奖，现场制造人气，这些都是在家看电视、用电脑、玩互动游戏无法比拟的天然优势，在户外互动广告中，移动设备就像随身携带的游戏手柄，让每个路人都可以成为广告中的主角，这种惊喜感是以前没有过的。

图 8-7　手机遥控乒乓球游戏

**案例：户外乒乓球游戏**

广告主：麦当劳

挑战：如何用一种更吸引人的方式来派发优惠券？

创意：利用手机和户外显示屏进行互动游戏，赢者将获得优惠券

执行：麦当劳把游戏搬到了广场上的户外显示屏上，将手机作为游戏的控制器（如图 8-7）。游戏参与的方式很简单，只需要用户使用手机进入显示屏上显示的活动网站，手机上就会告知用户要抓取用户的地理位置信息（方便现场工作人员发送优惠券），然后输入用户的昵称，这样大屏幕上面就会同步显示当前是哪个用户在遥控屏幕，让用户做好准备。接着游戏开始，屏幕上会显示一个类似乒乓球的游戏，用户只需在手机上滑动拍子来控制大屏幕上的乒乓球，使其不掉落地。只要坚持 30 秒钟，大屏幕和手机上就会告诉玩家获得了一份麦当劳的优惠券或免费食物，用户只需要凭借发送到手机上的优惠券就可以到附近的麦当劳领取食物。

在户外制造这样的互动装置，比起单向传播的户外广告，更容易吸引路人的目光，引发热议。通过游戏竞争来获得优惠券，也比单纯派发优惠券更能激发消费者的热情。一旦引起消费者参与的热情，品牌就能给消费者留下更深的印象。

图 8-8a　投影出来的赛车游戏

图 8-8b　平板电脑上控制赛车的虚拟方向盘

**案例：宝马露天屏幕赛车**

广告主：宝马 1 系运动版汽车

挑战：如何在南非各地推广新款宝马 1 系轿车

创意：推出一款大型户外互动广告游戏

执行：创意人员选择在城市户外广告牌上投影大型的赛车游戏（如图 8-8）。用户只需通过平板电脑登入自己的 Facebook 账号，成为宝马 1 系的粉丝，就可以将平板电脑作为方向盘，进行比赛。只要在一轮比赛中获胜，玩家就可以获得积分。积分到一定程度，即可获得丰富的奖品。玩家还可以通过"Like"分享键，邀请好友共同参与，比赛结果则会在品牌主页实时更新。就像露天电影一样，该户外游戏成为南非人晚上消暑纳凉的好去处。

在公众场合举办此类广告游戏能吸引众人目光，引发热议。互动游戏中，所有的尖叫声、掌声都是人们自发的，广告主创造一个游戏平台，让消费者自娱自乐。该游戏也将社交元素结合进户外互动游戏，让用户将现场感受带到社交网站中，形成二次传播。

图 8-9a  二维码解锁

图 8-9b  路人在现场拍照留念

**案例：二维码解锁户外装置艺术（如图 8-9）**

广告主：公益组织德国联合国协会（United Nations Association of Germany）

挑战：每年全世界有很多妇女被父母逼迫着结婚，通常都是不情愿的。如何号召人们来关心这样一个群体，并展开募捐？

创意：将爱情桥上的挂锁与手机二维码技术结合起来

执行：通常在一座爱情桥上，情侣们会将象征爱情的"铜锁"挂在上面。而这次活动中，主办方设计了一个专门的密码锁，每个密码锁上都附带一个二维码，他们将这些锁挂在挂满爱情锁的科隆大教堂前面的大桥上。除了所有密码锁上都印有"Free the Forced！"的字样以外，所有的密码锁在桥上的排列也形成该口号，提醒过往的路人。如果人们想要打开密码锁，就需要利用手机扫描二维码。手机将会链接到该公益组织的官方页面，让用户了解到该密码锁是在传播公益理念，反对"强迫的婚姻"。如果用户向主办方进行捐赠，就可获得开锁密码。广告主希望用此方式来表达"解开这种强迫"的观念。同时，参与该公益活动的人们都纷纷在大桥前拍照留念。许多人将照片发送到社交媒体上，表示支持该理念。

效果：活动得到了许多人的支持，大概在三天之内，人们解开了所有锁。大约有 47 万人路过了那里，57 万人浏览了网站。该公益组织也在社交媒体上获得了 400% 的粉丝增量。案例获得了 2013 戛纳创意节移动类的金狮奖。主办方打算将这个活动推广到世界各地的"爱情桥"上。

该活动运用环境媒体的创意思维方式，实物本身就是媒体。运用移动设备，人们参与了活动，也在线上社交媒体分享了照片，形成口碑传播。这类接近装置艺术、行为艺术的营销活动将会成为未来户外广告的趋势。

## 4. 移动设备与影剧院互动

影剧院是一个特殊的密闭空间，观众的注意力会相当集中，因为他们除了看屏幕、看舞台外就没有别的可看。另外，影剧院是人们主动花钱观看的，所以更会仔细观看。观看一场电影或一场演出的观也会众构成一个临时团体，如果创意够好，就能影响到这个团体的所有人。在影剧院中做营销必须考虑到观众的这些特点，创意好效果就增倍，创意不好就会招致观众集体反感。

图 8-10a  两部广告片段，文字提示：这是一部互动电影

图 8-10b  实时显示观众投票的百分比

**案例：影院互动广告**

广告主：福特汽车

代理方：扬罗必凯、传立

挑战：如何让电影开场前的贴片广告更具参与性？

创意：广告结局由观众投票来决定

执行：在电影开场前，福特先播放两段电视广告片段，一会儿跳出两个分屏的选项，让在场的观众通过手机投票，来决定究竟播放哪部广告。根据现场观众的投票，最终播放票数多的那部广告（如图 8-10）。

一个场子的观众会形成临时组织，大家有共同利益。商家利用了这个特点，让观众通过简单的参与来决定广告片的走向。每个人都很有存在感，因为每个人的投票都会实时显示在大屏幕上。与自己相关的事情，人们通常会比较在意。

## 案例:"Last Call"影院互动营销

广告主:《13 街区》电视台

挑战:(13 街区是一个专门播放恐怖/悬疑/犯罪主题节目的电视台)如何带给人们更刺激的观片体验?

创意:在片前广告中,让片中人物与观众电话互动,并影响剧情发展。

执行:创意人员发起了一次"Last Call"(最后通话)的活动。在观众进入电影院前,工作人员给观众一张卡片,邀请他们将自己的手机号发送到指定位置,并有机会获得奖品。电影开场前,播放一段微电影,是一部恐怖短片。当片中的女主角打电话时,系统会随机选取一个电话号码(入场前收集到的号码),拨打给观众。观众就会突然接到"主角"打来的电话,并开始与电影屏幕上的主角沟通(如图 8-11)。主角会提出一些问题例如"我应该上楼还是下楼","前面有个尸体,我该怎么做"等问题。影片播放系统会识别观众的答案,然后让银幕上的主人公做出相应反应(播放观众选择的片段)。

图 8-11  左边是现场观众接听电话,右边是电影中主人公打电话给现场观众的画面

电话里不仅仅是女主人公的提问声音,还会有她奔跑时的脚步、喘息以及恐怖的心跳。影片最后更有趣,画面上变态杀人狂捡起了手机,又拨通了某观众的手机,只听到:"我知道你的电话号码了,下一个就是你!"。最后画面出现 13 街区的标志,观众才知道原来是一个广告。

观众的参与感极强,身临其境,震撼力不小。这个互动广告与观众开了一个小玩笑,让电影剧情随着观众的选择而变化。

这个创意也不失为一个"互动电影"的创意,具有实验片的气质。我们可以大胆想象一下,如果未来的大电影也能提前拍摄各种可能的情节,不同的结局,观众可以参与剧情的推进,每场观影都可能会有不同的剧情产生,这会不会成为未来电影的潮流。

## 5. 移动设备之间的互动

移动设备之间的互动,本质就是人与人之间的互动,只不过是借助移动设备的介质。除了基本的打电话、发短信之外,无所不能的移动设备也为人与人之间的互动提供了无限的想象力。

图 8-12  Pair Movie 的示意图

## 案例:"Pair Movie"双屏互动广告

广告主:SONY 唱片

代理方:电通

挑战:日本歌手 JUJU 新出的专辑《SUNAO NI NARETARA》在世界各地,越来越多的年轻人选择使用手机下载音乐,CD 形式专辑已经成为过去。如何创造一种新形式让人们关注新专辑?

创意:创造一种人与人之间互动的方式吸引年轻女性来关注专辑

执行:电通公司创造了一种叫"Pair Movie"的手机短剧(图 8-12)。什么叫"Pair Movie"。两个手机用户下载不同部分(左右两部分)的短片,然后放在一起,可以组成完整的短剧。电通专门制作了 JUJU 的单曲《素直になれたら》的 MV,如果要完整收看 MV 视频,必须使用两个手机,分别下载左右两部分,然后同时播放。

以下是短剧视频的文字脚本:

场景:男主角和女主角在餐厅吃饭。

男:这几天工作怎么样?

女:还好,没有什么变化!

男:嗯,那……下周六……(手机铃声响起)…哦 等下…(男生拿起手机,看短信)

女的看着男生发短信,在想:"给谁发呢?"

男生：怎么了？
女生摇头..
男生发完短信，服务生送来饮料；
男生拿起女生的饮料说；"我能尝一口嘛？"
女生：……
男生：谢谢！
女生想：是不是对所有人都这样，还是只对我？

如果是普通的视频，那么拍摄时都会使用主观镜头，也就是在主角说话时，镜头对着说话者。但是在这个实验性的视频中，所有镜头都是旁观者的视角，从男女主角的侧面拍摄。左边都是男主角的画面和声音，右边都是女主角的画面和声音。设想一下，如果只下载男主角的视频部分，那么你就只能看到男主角的画面，听到男主角的对话，没有任何女主角的画面和声音。反之亦然。如果你要完整看懂故事情节，你就必须使用两个手机，分别下载男主角视频和女主角视频，然后根据视频的提示（为防止有时差）同时按播放键。这样，两个屏幕中的人物就可以在同一个空间和时间中展开故事。观众就可以看懂故事。

效果：这次实验性视频广告的效果很好，在一个月的时间里，Pair Movie 的手机短片总共播放了 40 万次，而 JUJU 的单曲在第一周的时间里被 20 万人下载，最后专辑销量为 15 万张。

这个案例利用了用户自发性的扩散心理。如果以传统方式呈现视频，人们不会对其太过在意。而将一段视频进行拆分，然后强迫必须通过两个人的合作来完整观看视频，那就有趣极了。感兴趣的人，一定会找来朋友一起玩。这样一传二、二传四地增长，形成口碑传播。影片拍摄手法也具有实验性，具有很大的想象空间。

广告主可以为消费者搭建竞争或合作的平台，让消费者自由发挥。竞争与合作是人类世界永恒的话题之一。竞争与合作能激发消费者参与广告的热情。假使加上奖励的刺激，竞争与合作就能产生强大的动能，消费者玩得开心，商家也能赚得开心。

## 三、总结：跨屏互动形成合力

传统的电视、广播、报纸、杂志已经进入了移动互联网时代，在各类移动互联网、通信技术的支持下，传统媒体正在进行自我革新与转型。跨屏互动营销核心是将原本由传统媒体呈现的信息，经由移动设备的参与，使消费者得到更好的体验，从而对营销内容更感兴趣。

总之，移动互联网的普及，使得原本没落的传统媒体又重现新生，而原本传统媒体上的广告也恢复了活力。媒介没有好坏之分，只有合适与否之分。旧的媒介依然有存在价值，新的媒介也不必捧得过高。移动设备的一端连接着消费者，一端连接着广告主，有连接就有机会，为消费者创造竞争与合作的连接能激发他们的热情。跨屏互动营销不拘泥于一种媒体，要发挥媒体间合作的合力，最终获得叠加效果。

**创意训练题：**

1. 利用纸媒的版面设计，创作一个汽车互动广告。
2. 创作一个电视互动广告，吸引观众积极参与。
3. 创作一个户外互动广告，吸引路人积极参与。
4. 创作一个影剧院的片前广告，让观众积极参与。
5. 以"Last Call"和"Pair Movie"为启发，创作两部微电影。

第九章

# 基于移动社交平台的营销：借势而为

# 一、移动社交平台与营销

## 1. 什么是移动社交平台

移动社交是指用户以手机、平板电脑等移动终端为载体，以在线识别用户及交换信息技术为基础，通过移动互联网来实现的社交应用功能，移动社交按照流量为计费方式，不包括打电话、发短信等传统通讯业务。移动社交平台是指提供这些服务的各类平台、企业、品牌。在互联网时代的社交网站大都成功转战移动互联网，也就自然演变成移动社交平台。

传统社交平台都是基于桌面电脑、互联网的固定形态，比如 Facebook、人人网、MSN、QQ 等平台。移动社交平台的重点在于"移动"两个字，即使用这些社交功能的终端切换到了手机、平板电脑等移动设备上。移动是人类的本性，谁也不想守在办公桌前与人聊天。移动互联网实现了人类的夙愿，解放了人类的双脚。移动社交平台顺理成章成为人们的在线社交平台。

广义上说，所有的传统社交平台，如 Facebook、人人网、QQ 等都已发布移动客户端，已转型为桌面与移动端同步进行的社交平台。一些从一开始就带有移动社交"基因"的公司或品牌，如 Twitter、Instagram、Pinterest、新浪微博、微信、图钉等。

移动社交平台将会出现一些集大成者，它们凭借在传统互联网时代累积的用户数量优势，在移动互联网积极转型推出其移动平台，吸收竞争对手的优势，扬长避短，寓意成为未来的超级社交平台。美国的 Facebook、中国的腾讯微信都有可能成为这类超级社交平台。随着 4G 时代的到来，视频传输不在受限于网速。微视频类的移动社交平台也将成为新一轮的风潮。

## 2. 移动社交平台的主要应用

（1）即时通讯

主要指人际交流层面的应用。移动社交平台如微信、Line（日本的移动社交平台）已经几乎代替了传统的短信通信业务。如果语音业务在国家层面的政策上放开，那移动社交平台就能基本替代传统通信业务。当那个时候，手机的人际交流功能主要将以移动社交平台为入口，而不是移动运营商的传统通信业务。

（2）自媒体发布

移动社交平台成为每个用户的自媒体。上至国家大事评头论足，下至吃喝拉撒儿女情长，用户都可以以文字、图片、视频、音频的形式记录下来，并发布在自己的社交平台上。每个人都是忠实的记录者，也是别人的观众。

（3）小圈子交流

通过移动社交平台，具有共同目的、共同话题、共同关系的小圈子能够长久或临时建立群组，使得一群人能在小范围内同时在线进行人际互动。如 Facebook 的"好友圈"，微信的"群聊"功能，这些小群体组成了长久或临时的社交关系。移动社交平台会形成许许多多的小圈体。小群体,小圈子会形成亚文化。

（4）游戏社交平台

移动社交平台与游戏的结合，让移动设备上的手机不再停留于个人比拼，而可以与好友比拼，这就把移动游戏变得更具社交性，而游戏本身的内涵也在无限放大。微信平台上的游戏中心成为各类小游戏的集聚地。

（5）其他任务平台

移动社交平台具有聚合人的效果，所以也就具有发起倡议、集体投票等功能。Facebook 最早开发了第三方开发平台，允许各类应用程序进驻其平台。现在大多数移动社交平台都开放了第三方开发平台，允许其他厂商"借势而为"。所以说，移动社交平台具有极大的拓展能力。只要有足够数量的用户，只要他们相互关联，那么社会生活的方方面面都能通过移动社交平台来体现，这就是未来移动互联网生活的写照。

### 3. 移动社交平台的营销特点

与传统的桌面端社交平台相比，移动社交平台真正实现了人类随时随地与人交流的愿望，同时也为广告主提供了随时随地与消费者交流的夙愿。广告主即把移动社交平台中的每一个用户当作受众，以大数据技术为基础，分析不同人的不同行为习惯，然后将合适的信心推送到合适的人的移动设备上。移动社交平台是一个媒体，就如同电视、广播一样。但它也有自己的特殊性。

不同于传统的营销媒体，移动社交平台与人密切相关，私密性很强，如果营销信息过于粗暴，干预了个人私密空间，就会引起用户的反感。由社交圈形成的亚文化圈对于广告主来说是一个切入点。如何把自己的理念与亚文化相融合，甚至从品牌本身创造一种亚文化来聚合用户，需考验创意本身。移动社交平台上的营销模式还不是那么清晰，可以说是喜忧参半，我们只能做探索，而不能下定论。

## 二、基于移动社交平台的营销

移动社交平台把广告主与消费者之间的关系简化到最直接的一层关系。曾经对于每个人来说都很抽象的"品牌"两字变成了实实在在的一个对象。这既是广告主愿意看到的，也是令广告主头疼的。传统媒体上的营销思维模式无法直接套用到移动社交平台上。商家把自己融入用户生活中，做他们的朋友，也许是成功的第一步。

### 1. 个性化推送

品牌可以成为你好友列表中的一个"人"，与你直接说话。Facebook 平台上有许多品牌官方账号，对于个人用户来说，它们也仅仅是好友列表中的一个"人"。微信公众平台为企业品牌提供了与普通个体对话的渠道。这个模式类似于电话客服，只是通过文字聊天的在线形式进行。广告主借助后台数据库，自动答复用户的各种问题，一部分取代了原本由客服人员人工执行的工作。如星巴克中国就在微信公众平台推出了官方账号，如果用户与"它"聊天，"它"就会为你发送信息。如果问"招商银行信用卡中心"这个月要还多少钱，它就会为你提供详细的账单信息。

**案例：雀巢 Twitter 推送菜单**

广告主：雀巢

挑战：现在人们可以从各种渠道获得教你做美食的节目，比如电视节目、专门的网站、美食家的博客或是一些菜谱教程类的移动应用程序。人们可以使用手中的移动设备，按图索骥地来烹饪美食。但是，要做出这些菜谱中的美食，必要的条件是，人们必须准备好菜谱中谈到的所有原料和食材。不是所有人都有空闲去准备食材，然后照着教程去做。更多的情况是，我们的冰箱里只有一些零散的食材。如何为人们提供更个性化的菜谱服务？

创意：运用逆向思维，人们有什么食材就教他们做什么菜。

执行：雀巢的营销人员创作了一个叫"Cook a Twitter"的活动。活动借助 Twitter 平台高效的信息反馈属性，雀巢建立一个后台数据库，运用搜索和推送功能，把求助者想要的信息推送给他。这个活动的流程很简单，如果用户想要做菜，但是发现家中没有太多种类的食材，只要将自己现有的食材编写一条 Twitter 发给雀巢的专门账号，那么他（她）一会儿就会收到一条"教你如何用现有食材做一道美食的信息"。

人们想要的不仅是大量的菜谱，而是为解决他们临时问题的个性化菜谱，那么这样的服务就能解决这种需求。雀巢是食品公司，发现了用户实际的问题，为消费者提供个性化的服务，可以说是超出了品牌本身的服务范围。但是用户在使用此服务的过程中，也会对雀巢产生良好的印象，那么如果雀巢再顺势推送一些个性化的食品信息给用户，这些用户也许就会成为新的消费者。

## 2. 熟人圈合作

移动社交平台上每个人都是一个自媒体，关注你的人是你的观众，而熟人圈子构成了一个临时的群体。熟人相互之间都会看到即时状态，构成一种若即若离的"议事氛围"。比如你可以发一条"今晚多一张演唱会的票，想要找一人陪同前往"的状态，那么也许就有很多人来回复你，同时，如果你的朋友发一条"在某餐厅与心仪女生共进晚餐"的状态，也许就会吸引你和其他朋友点"赞"。如果商家利用这种移动社交平台上的自媒体和熟人圈子之间的互动，来植入一些广告信息，不仅不会引起熟人的反感，反而会激起熟人之间互动和协作的冲动。

图 9-1　手机拍下餐盘并上传 Facebook

**案例：朋友点赞你优惠**

广告主：哥斯达黎加 Spoon 连锁餐厅

挑战：希望吸引更多人的注意，并前来用餐

创意:让顾客在用餐时在社交平台上发状态，谁收集到朋友的"赞"越多，就可以获得更多优惠。

执行：在每份端上来的菜品中，插上一面小旗帜，食客只需要使用 Facebook 移动客户端拍下餐盘（图 9-1），并分享到自己的 Facebook 账户，然后就看谁的照片获得朋友的"点赞"数更多。得到一个"赞"相当于 1% 优惠，最高是 23% 的优惠。在结账时，食客只需手机上的照片连同"赞"的数量给收银员看一下，就能以优惠价格买单。

利益的绑定，让餐厅与顾客发生交换。如果没有利益的趋势，食客也不会有动力拍下食物，分享到社交网站，并争取收集"点赞"数。餐厅也希望通过这种利益刺激的手段让食客作为自己的推广者，扩散餐厅人气。

餐厅设计了激励的机制，可以让顾客能通过自己的努力换来更大的回报。有些时候人是非理性的，直接送的东西不吸引人，通过自己努力争取来的，反而会更有吸引力。如果直接以打折优惠来吸引顾客前来用餐，餐厅对顾客反而没有任何约束力。同时，口碑传播具有极好的效果，食客在朋友圈中推广了餐厅，食客的朋友知道后，也许会来用餐，再一传十、十传百，成为众人皆知的信息。

这个方法现在有个专用名词——"集赞"。微信中也有许多商家为了推广自己而广发"集赞"贴。其中也不乏许多商家等到消费者亲临现场，却无法兑现。"集赞"广告需要商家以诚信为基础，不然大有被消费者抛弃的趋势。

图 9-2 两条 Twitter 同时发送的网页截图

**案例：朋友节合发 Twitter（图 9-2）**

广告主：Todomoda（南美地区家喻户晓的女性饰品店）

挑战：在南美洲的"朋友节"期间，一起过朋友节的朋友们希望和彼此分享自己的任何东西，很多女生都会凑到一起来分享自己的小秘密。如何利用"朋友节"话题来促销？

创意：基于 Twitter 平台推出一次营销活动，需要两人配合才能获得优惠。

执行：创意人员专门推出了一款利用 Twitter 的分享功能开发的平台：一条 Twitter 两个人写。两个人在事先没有商量的情况下，一个人先写前面一部分，接下来由另外一个人完成剩余的部分，写完后同时发到对方的主页上，以此来测试双方的默契度。如果默契程度高的话就能获得奖励。另外，在活动官方网页上，两人还可以玩小游戏。游戏考验两人的了解程度，如果成功过关的话也可获得 Todomoda 的饰品折扣优惠。

效果：在两周的在线活动时间内，相关的话题出现了 2331325 次，高达 57800 位 Twitter 用户参加了活动。

活动在"朋友节"期间举办，非常应景。两位好友，特别是闺蜜之间的合作一定会相当顺手，这也是 Todomoda 品牌主要的目标人群：女性朋友。

活动参与方式不复杂，而且利用了 Twitter 这个现成的平台，传播起来更加便利。广告主提供平台让消费者自我表扬，消费者为了获得奖励会主动参与。利用移动互联网便捷的口碑传播，品牌能在短时间内得到目标人群的关注。消费者还为品牌创造了活生生的内容，让品牌短期内收集到很多真实的故事，为未来的内容营销积累资源。每个参与者都是一个扩散者，把一种幸福的情绪扩散给身边的人。

## 3. 自媒体发布

移动社交平台能够让广告主与关注它的消费者直接对话。广告主就化身为消费者身边的好友。好朋友可不想听好朋友成天介绍产品，好朋友喜欢聊聊家常。于是，一些品牌便时不时地挖掘身边的故事，或是借着近期的大事件，比如奥运、世界杯之类的发布原创内容；或是自己想一个话题，但是让人感觉很亲切，就像是一个好友该说的话。只要广告主能在内容上多花些心思，必然能引起用户的兴趣，得到他们的关注和积极参与。

**案例：名爵朝看世界杯（如图 9-3）**

广告主：名爵

代理公司：安瑞索思

问题：巴西世界杯如火如荼地进行着，作为非官方赞助商的名爵，如何借助世界杯大事件，让自己和它产生些联系，提高品牌知名度呢？

图 9-3a 文案："那晚，你终于把第一次给了别人"，暗喻巴西队马塞洛开幕战上的乌龙球

图 9-3b 文案："看！荷兰航空"，暗喻荷兰队范佩西的鱼跃冲顶进球

图 9-3c 文案："佩佩，武当欢迎你"，暗喻葡萄牙队佩佩用头顶撞对方球员

图 9-3d 文案"又见空翻,这一刻,你是否已热泪盈眶",暗喻德国队克洛泽进球后庆祝的空翻动作

图 9-3e 文案"爱一个男人,就在他身上留下自己的印迹",暗喻阿根廷队苏亚雷斯咬人事件

图 9-3f 文案"爱绝杀,爱玩心跳,爱救天台的人于危难,爱最后一刻搞定一切,我只代表我自己,我是梅西",暗指阿根廷队梅西的绝杀进球

创意:让名爵车拟人化为球员,结合世界杯每天的热点话题进行调侃。

执行:创意团队利用移动社交媒体制作了一系列的创意海报。每张海报都配有一张当天赛事的热门话题图片,左边是热门照片,右边是名爵车身模仿照片上球员的球衣和动作。每幅海报还配上了一语双关的文案,让关注世界杯的人会心一笑。

虽然名爵不是世界杯的官方赞助商,但是以这样的方式向消费者传递了品牌诙谐幽默的一面,顺便也将名爵车的车身细节和五彩车贴的特点表现出来。这就是借助热门大事件来创作广告内容,为自己造势的鲜活案例。

### 案例:碧悠去哪儿?(如图 9-4)

广告主:达能碧悠

代理方:Nurun

图 9-4a "碧悠去哪儿"广告活动截图

图 9-4b 在西湖边

图 9-4c "碧悠"在鸟巢边

图 9-4d "碧悠去哪儿"问答游戏

图 9-4e "碧悠去哪儿"问答游戏

挑战:达能碧悠作为全球最受欢迎的酸奶品牌之一,在入驻北京、天津、南京、杭州和无锡五大城市之际,需要在微博和微信上同时展开宣传。

创意:以一杯碧悠酸奶为主角,拍摄城市中的摄影照片,引爆公众话题。用户可以通过微博和微信平台来竞猜这是哪里,并赢得奖品。

执行:创意人员将每个城市都做成了一系列游戏关卡。用户可以先选择所在的城市,然后在微博或微信上接受摄影照片,如果能将照片上碧悠"身处"的地理位置回复给碧悠,就可以进入下一关。当你成功闯赢三关时,就能获得城市达人的殊荣。用户的战绩将在其朋友圈中事实呈现,以获得二次传播。

碧悠的主要消费者是女性，利用微信自动答复的功能，看看他们是怎么在3秒之内抓住女性的眼球的，以下是一些自动答复的文案：

"型男、美食和旅行只选一个，你会选什么？这是一个艰难的抉择，还好这是个充满温暖与爱的世界。或许这一次你能同时享用这三样福利！"

"第六秒就开始秀腹肌人鱼线！法国碧悠型男们，你们有没有考虑过帝都妹子们的感受啊啊啊！！点开前请留意身边环境，自备纸巾若干～"

"在碧悠微信里回复脸蛋或腹肌，还有隐藏的福利彩蛋～"

品牌产品化身为一个"人"，以产品的视角来叙事。这比产品以商家的口吻来叙事来得亲切许多。配合有奖问答活动，消费者的积极性被调动起来。拍摄精美的照片让产品和品牌形象得以提升，光是看看精美的风光照片就已经能让人开怀，所有照片上的场景又是人们身边真实的场景，让观众很有存在感。

自媒体的运作，关键还是在于内容。如果广告主能很用心地创作观众感兴趣的内容，制造他们感兴趣的话题，并适时加以奖励刺激，那么消费者也会欣然参与话题讨论，甚至自觉转发。

## 4. 众筹思维

众筹思维并不新鲜，人类自古以来就是这么做事的。比如古时候农民领袖起义，可是既没钱组织军队，又没钱购买装备，于是他就会去游说各种人，出钱出力，一起干，有福同享有难同当。现代的众筹思维只不过套上了互联网的外衣，让这种合作变得更广泛，并且被明确定义。利用了众筹思维，广告主可以把一件耗时耗力的任务解构成无数个小任务，交给粉丝去做。有些看似不可能完成的任务，也许放在移动互联网上让大家参与，就会变得易如反掌。在众筹的过程中，无论是品牌还是广告讯息，都可以被反复曝光。

有社群的圈子能做很多事。熟人圈的合作只是一个开始，连接陌生人群体，完成更大的项目才是移动社交平台能爆发出的惊人潜力。比如某个品牌发出号召，让用户共同完成某个举动。只要号召具有正能量，能感召人心，就有可能让众人为之狂热，让众人都义务做出这个举动。移动社交平台如果爆发出这样的威力，广告主也许就能四两拨千斤。

图 9-5　The vaccines MV 官方页面，来自粉丝的照片组成了这部 MV

案例：乐队 Instagram 合成 MV

挑战：英国独立乐队 The Vaccines 2011 年推出新单曲《Wetsult》，放在独立乐队面前的问题是，没有太多推广的预算，也没有唱片公司的平台，推广自己的音乐，全都要靠自己，怎么办？

创意：利用全世界很火的照片应用软件 Instagram，让粉丝自行上传照片，最终把粉丝的照片组合成 MV（音乐录影带，音乐类视频）。

执行：乐队与 Instagram 合作，利用自己的 Instagram 账号，让粉丝拍下照片并添加 #vaccinesvideo 标签后发布。数据库系统会识别拥有这个标签的图片并显示在乐队的页面上（如图 9-5）。乐队会从这些照片中找到合适的照片，并最终剪辑到自己的音乐录影带中。也就是说，只要粉丝的照片被乐队成员选中，那么就有机会录制在《Wetsult》这一新单曲的 MV 中。

独立音乐人在互联网时代并不寂寞，他们通过社交平台，拥有自己的粉丝群。自己就是一个媒体，可以不需要依赖传统的唱片公司发行渠道，自行发布音乐。在这个案例中，独立乐队在宣传条件所迫的情况下，运用众筹的思维，让粉丝们共同创作 MV。既推广了单曲，集结了人气，又完全了一首 MV 的制作。

不要低估了粉丝的原创力，粉丝的创造力有时候比官方宣传团队更有热情完成任务。最好的营销不一定是自己花钱，艺术作品也不一定自己创作，所有平台都可以免费利用。低成本也能办大事，这就是移动社交平台的力量。

图 9-6　百威 Twitter 织毛衣装置

**案例：众筹织毛衣**

广告主：百威集团

挑战：这是一次公益性的品牌活动。百威集团将在 2013 年圣诞节，为一些开车人士送去暖心毛衣。作为一家国际性大公司，送毛衣事小，但是如何让送毛衣变得更具公益性，让大家都能参与到这次公益行动中，适度曝光一下百威的品牌？

创意：发明一个由 Twitter 信息驱动的织毛衣的机器，让所有人都能参与。

执行：创意人员发明了一个机器（如图 9-6）。它基于一台自动织衣机，但是在其动力部分有所改造：将织一针的命令与百威 Twitter 账号的数据进行关联。参与者只要在 Twitter 上面发送带有关键字 #jumpers4des 的信息，数据就能进入百威的数据库，而数据库将会把相应的指令发送到机器上。也就是说，只要这台特制的机器收到一条特定的 Twitter 信息，就能织一针毛衣。越多人发 Twitter 的话，毛衣就越快织完。百威官方还专门开设了现场直播织毛衣全过程的栏目，在社交网站上进行直播，在直播过程中也受到了网友的热议。

活动创意似乎与百威啤酒产品本身不相关，但却是一个不折不扣的话题营销。这个复杂的织毛衣机器的话题意义大于其实际意义。通过这样的装置，某个项目能被分解成一个简单的动作：发一条 Twitter。这样就降低了人们参与的门槛。虽然对于一个人来说，发一条 Twitter 也许不需要多大成本，但是如果 Facebook 上的大多数用户都发一条，那么就能制造出惊人的效果。整个过程被完整地公开地记录下来，这也是品牌得以曝光与产生话题的良机。

图 9-7a　达利博物馆官方网站，网友自己拍的照片处理成达利的风格

Hipstamatic 是一家摄影软件公司，这款摄影软件内所有的镜头和胶卷都是基于真实的镜头和胶卷进行数字化处理。它能将用户的 iPhone 变为一个数码化的胶片相机。它支持许多扩展包，叫做 HipstaPak（套装），其中的 FreePak（免费套装）大都是与一些机构合作推出的，如与时尚杂志《W》推出的 FreePak 以及 Rock the Vote FreePak 等。GoodPak（捐赠）则与特定的慈善机构合作，比如与关爱女性基金合作推出的相关 GoodPak。

图 9-7b　网友自己拍摄的达利风格的照片

**案例：达利博物馆 Hipstamatic 合作营销（图 9-7）**

广告主：达利博物馆新馆

挑战：2011 年 1 月，萨尔瓦多·达利博物馆新馆在美国佛罗里达州正式建成。博物馆的营销人员面临的问题是，如何在有限的甚至是"零预算"的条件下吸引人们来参观博物馆？博物馆新馆的建成又如何吸引全世界人的目光，让更多人来关注，甚至让人们捐钱呢？

创意：制作了一个 APP，它可以把用户的照片处理成超现实主义风格（达利的风格），但下载 APP 需要向美术馆捐赠。

执行：达利博物馆找到 Hipstamatic 公司。基于之前它的成熟案例，达利博物馆的营销人员就推出了"达利版的套装（HipstaPak）"，它可以把用户的照片处理成超现实主义风格，也就是大家熟知的达利的风格。下载

图 9-7c　达利风格相机套件

APP 需要 0.99 美元，但这些费用会作为用户向美术馆的捐赠而累积起来。博物馆还在网站上设计了一套教程，教用户如何使用 Hipstamatic 软件和达利版套装，拍出具有达利风格的照片。用户可以将自己拍摄并制作后的照片发布到博物馆的官方网站上，接受大家的评比。博物馆还承诺，得到网友评价最高的照片将有机会在达利博物馆开幕日当天被真实打印出来并作为展出的一部分。

效果：这个想法最终获得了人们积极的响应，据统计最终博物馆收到了 45000 美元的捐赠。在开幕日当天，博物馆实现他们的承诺，举办了网友摄影作品展览。

发起募捐，这是古老而传统的众筹思维。在移动互联网等通信技术的帮助下，传统的募捐变得有趣、简单、互动性强。这个活动成功举办的两个前提是：萨尔瓦多·达利本身具有极高名气，另外他在全世界范围内都有粉丝。Hipstamatic 作为一款广受好评的手机应用程序，拥有一定的粉丝，与艺术相关的人在 Hipstamatic 的平台上形成一个圈子，一旦圈子中的一个用户使用了这个软件，就会带动其他朋友一起跟风，从而形成一股风潮。

这个活动也让合作双方获得了双赢的结果。两者在传播中没有耗费太大的资源，只是调动了粉丝们的积极性，引导他们完成某项工作，并事先提出奖励办法，这种方法确保参与者会有积极性。

达利博物馆非但没花太多钱，反而募集到很多钱。然后，博物馆又在粉丝的帮助下，被推高了人气。当然，博物馆的创意人员或许还是受到了达利本人的启发，因为达利在有生之年，也是一位很会炒作自己的艺术家，曾借助各种社会资源来炒作自己，这也算是一种向大师的致敬吧。

图 9-8a  网友们拼出视频的每一帧

图 9-8b  网友们正在现场参与拍摄

图 9-8c  现场标注第"212"帧拍摄地的指示牌

图 9-8d  广告视频中由网友创作的不同风格的关键帧

**案例：Instagram 互动视频（如图 9-8）**

广告主：雷克萨斯

代理公司：Team One

挑战：照片分享应用 Instagram 一直以来都是摄影爱好者的互动平台，而且有许多广告主都利用这个平台来做自身的推广。如何利用这个平台来向大众推广雷克萨斯 2014 IS 汽车？

创意：利用 Instagram 来打造一部众人参与的广告大片

执行：品牌邀请 212 位 Instagram 用户参加此次拍摄活动。创意人员将最终的视频拍摄脚本设计好，并拆分成 212 个分镜头，然后在一块专门的场地上计算出每个镜头拍摄的位置和角度。参加活动的消费者可以根据自己抽到的分镜头的编号，到达事先安排好的指定位置。等工作人员将汽车开到指定的位置,用户就可以用自己的手机，打开 Instagram 软件，并用自己喜欢的摄影风格拍摄一张汽车的图片。然后，用户以 #LexusInstafilm# 为主题分享在自己的页面上。最后，这 212 张照片最终在工作人员的剪辑下，以定格动画的方式，组成了一条完整的短片，成为雷克萨斯 2014IS 的一部广告大片。

效果：所有参与者都很兴奋，因为他们可以参与广告片的拍摄，而且能最终看到自己在片子中的贡献。

在这个案例中，广告主利用 Instagram 社交平台的巨大人气，将一个看似复杂的工作解构为简单的小任务——拍一张照。粉丝效应在此体现了出来。即使每个人参与了广告片的一小部分，人们也将整个拍摄过程分享至社交媒体，乐此不疲。整个活动更像是一次行为艺术，广告主借此制造话题营销。如果没有移动社交平台，这个创意就无法实现。只有在移动互联网时代，这样的实验才得以进行。

## 三、总结：移动社交需借势而为

　　移动社交平台是传统社交平台向移动端的延伸，其关键在于移动的空间属性。不同的移动社交平台之间有不同的侧重点，有的偏重文字信息，有的偏重图片信息，但它们都有同质化的趋势。移动社交平台的应用主要有：即时通讯、自媒体、小圈子交流、游戏。移动社交平台具有极大的拓展能力。只要有足够数量的用户，只要他们相互关联，那么社会生活的方方面面都能通过移动社交平台来体现。这就是未来移动互联网生活的写照。

　　每个热门的应用领域都逐渐成为广告主的争夺之地，但是移动社交平台不同于传统的广告媒体，私密性很强，如果营销信息过于粗暴，干预了个人私密空间，就会引起用户的反感。如何把自己的理念与亚文化相融合，甚至于从品牌本身创造一种亚文化来聚合用户，这就需考验创意本身。移动社交平台上的营销模式还不是那么的清晰，我们只能先做探索，而不能妄下定论。

　　我们提出了四种基于移动社交平台的营销思路：个性化推送、自媒体发布、熟人圈互动和众筹思维。我们要选择好匹配的平台，把自己融入用户生活中，做他们的朋友，或许这可以成为你迈向成功的第一步。

　　移动社交平台是未来人类生活的重要空间，如果我们能持续关注、持续思考、洞察人性，那么新的广告模式、营销模式、商业模式也许就会从此诞生。

**创意训练题：**

1. 请整理当今所有的移动社交平台，并梳理它们的特点，分析它们之间有何区别？
2. 请尝试为5个风格迥异的品牌选择合适的移动社交平台亚文化圈。
3. 请借世界杯之类的大事件，为某个品牌创作"自媒体"内容。
4. 利用移动社交媒体的熟人圈，为某酸奶品牌设计一个需要朋友间相互帮助才能完成的营销游戏。
5. 运用众筹思维，为5个品牌分别设计一个公益项目，吸引更多人参与。

第十章

# 品牌 APP 与移动营销：营销即产品

# 一、品牌 APP 与移动营销

## 1. 移动 APP 是互联网的入口

APP 是英文 Application 的简称，即应用程序。苹果公司发布第一代 iPhone 智能手机时，首先提出了在手机中装载应用程序这个概念。这改变了手机行业，将手机硬件与软件分开，形成了以 iPhone 为代表的新型手机模式。从广义上来理解，手机的电话功能也只不过是一个 APP，短信功能亦然。APP 需要基于手机系统平台的支持，就如同电脑上的应用软件也需要操作系统的基础。目前全世界用户量最大的两个系统是苹果的 iOS 系统和谷歌的 Android 系统，它们支持的 APP 分别发布在苹果 iOS 系统的"iTunes APP Store（苹果的应用程序商店）"和谷歌 Android 系统的"Google Play Store（谷歌的应用程序商店）"上。当然也有其他渠道都可以下载这些 APP。

APP 成为用户使用手机某个功能的入口。每个入口代表用户希望达成怎样的目的。从理论上来说，世界上所有人都可以设计这个入口，当然事实上它们还是属于专业人才和公司。比如 Facebook、Google 就是国外人们上网的最大入口。在中国，微信、百度也是巨大的入口。拥有入口等于拥有了移动互联网时代的一张门票。我们可以从功能角度来分类这些入口：

（1）社交入口

电话、短信、Facebook、Twitter、微信、Pinterest 等社交类 APP 是人们进行社交活动的入口。

（2）资讯入口

BBC 新闻、网易新闻、各类电子杂志、微博、百度地图、搜索等资讯类 APP 是人们获取资讯的入口。

（3）商务入口

ebay、淘宝、当当、京东、1 号店等电子商务类 APP 是人们进行在线商务交易的入口。

（4）娱乐入口

愤怒的小鸟、捕鱼达人等游戏类 APP，优酷、土豆等视频类 APP 是人们在移动终端进行娱乐的入口。

（5）品牌入口

世界上大多数著名品牌已经拥有了自己的 APP，还不止一个。每个 APP 都为消费者提供某类服务。比如用肯德基、麦当劳的 APP 可以订餐，用耐克的 APP 可以做训练规划。

所有入口的功能都可能改变，相互交织在一起。比如社交入口也可以加入商务的功能，品牌入口也可以加入社交功能，资讯入口可以加入娱乐功能。入口间的差异将会缩小，入口本身也将变成一个品牌。传统工业社会的品牌与移动互联网产品品牌融合在一起，转变为移动设备上的一个 APP，一个进入移动互联网的入口。每个入口都有可能在未来成为"超级入口"。

## 2. 什么是品牌 APP

品牌原创 APP 主要是指从品牌（广告主）的角度，自行开发一款具有某类功能的 APP，通常它的图标是以品牌标志为基础，整个 APP 的设计会体现品牌色彩、形象等元素，功能与品牌主营的业务相似。品牌原创 APP 还是一个未成熟的领域，未来会有无限可能。我们以汽车类 APP 为例，来解释品牌原创 APP 的分类：

（1）从功能角度来分类

资讯类 APP，就是提供品牌相关信息的 APP，如单纯介绍某款汽车的 APP。生活服务类 APP，就是提供与品牌相关的各种服务的 APP，如提供汽车保养方面的讯息，帮你寻找附近的修理点，解释仪表盘上的符号代表什么，提醒你及时更换机油等。娱乐类 APP，与品牌有关的游戏、部分可互动参与的 APP，比如开车游戏，让用户在玩的过程中，接受品牌信息。营销活动类 APP，是针对汽车品牌某次广告战役而专门开发的 APP。通常用户可以参与其中的游戏，并赢取奖品。社交类 APP，为某品牌消费者提供一个在线社交的平台，比如车友会、线上线下互动的品牌。

（2）从时效来分类

主要分短期 APP 和长期 APP。短期 APP 主要针对某个广告"战役"，"战役"结束后 APP 也就失去意义。一般游戏类、营销活动类 APP 都属于短期的。而长期 APP 则是品牌能持续提供服务的 APP，一般会提供长期的生活服务。短期 APP 可以发展成长期 APP。大多数品牌已经意识到移动广告并不是一票子买卖，而是一种长久的客户服务。

事实上，大多数品牌原创 APP 都具有多重功能，我们很难将其归类。

### 3. 品牌 APP 的趋势

品牌原创 APP 的做法已经成为这个时代的趋势。自古以来，营销的目的就是让买卖双方走到一起，完成交易，而移动互联网、移动设备、APP 的模式，让这种营销的本性释放。经历了大众传播时代，品牌从未像现在这样，有一个那么好的平台，直接来到消费者面前。移动设备的特殊性使得品牌能直接到达消费者，从而模糊了产品、服务、广告、营销之间的界线。

品牌原创 APP 会具有越来越多的综合功能，既有提供最新资讯，短期的游戏活动，促销活动，也是长期的生活服务、电子商务，承担拉近广告主与消费者之间距离的职责。可以想象，品牌原创 APP 将是需要企业长期维护的一项品牌资产。

用品牌原创 APP 的思维来进行营销，就是直接以开发一款 APP 为起点，在 APP 中植入与广告主相关的服务，让消费者在使用 APP 服务的同时，接受广告主的传播讯息，激发消费者购买或是增加好感度、依赖度等。

但是，品牌原创 APP 通常需要"额外的营销"才能进入用户的视线，依然需要运用其他媒体来推广。如果前期推广顺利，APP 本身也创意十足，那么自然就能拥有很高的下载量和使用量。只有到达这一步，品牌原创 APP 才有可能在消费者的手机上"扎根下来"。

所以说，**品牌原创 APP 即是产品，又是营销工具。**

## 二、基于品牌 APP 的移动营销

利用品牌 APP 来做营销的前提条件是，先要有一款创意十足的 APP。创意来源于对人们生活的细心观察，挖掘消费者需求。有以下这些方法：

## 1. 占据生活起居关键点

如果品牌能掌握消费者生活起居中的几个关键点，提供一些有价值的免费服务，并适当植入一些广告，那么消费者就没有理由拒绝它。消费者一旦习惯于免费服务，那么品牌也就成功地在人们生活中占据一席之地。成功赢得消费者的信任，走好第一步，往后再开展广告活动就会顺理成章。

图 10-1 星巴克 "Early Bird"（早起的鸟）APP

案例："Early Bird"（早起的鸟）APP（图 10-1）

广告主：星巴克

挑战：如何提升早餐期间星巴克咖啡的销量？

创意：把优惠信息作为起床的激励，制作一款闹钟 APP

执行：星巴克为那些睡懒觉的人设计了一款 "Early Bird"（早起的鸟）闹钟 APP。用户在设定的起床时间闹钟响起后，只需按提示点击起床按钮，就可得到一颗星。如果能在一小时内走进任意一家星巴克门店，出示 APP 上的信息，他就能买到一杯打折咖啡。

另外，这款 APP 还能向用户发送星巴克近期的特别饮品讯息。用户还能向朋友发出邀请，告诉别人 "自己在哪家星巴克等她"，或者在去咖啡馆的路上就预订好了自己的饮品并完成支付。这一切都为星巴克和消费者建立了直接的联系。

这款 APP 让消费者从醒来第一眼就与品牌发生关联。奖励机制给消费者实惠，又像游戏一样有趣。它掌握消费者的心理，为他们提供相关的便利服务。作为一个每天都会与消费者打交道的品牌，星巴克是属于移动互联网时代的。

图 10-2a 现实生活中，孩子们喜欢用通心粉创作

图 10-2b 孩子在 "Dinner，Not Art"（早餐而非艺术）APP 上创作通心粉画

图 10-2c 孩子们的作品发布在 Facebook 上

案例："Dinner，Not Art"（早餐而非艺术）APP（如图 10-2）

广告主：卡夫（Kraft）食品公司（美国一家著名的食品生产商，旗下拥有 "奥利奥"、"果珍"、"趣多多" 等知名品牌。卡夫通心粉也是一个历史悠久的品牌，国外家庭常备的食品之一）

挑战：卡夫发现他们的通心粉产品通常被小孩拿来玩，父母为此浪费了不少钱，怎样才能让小孩子玩得尽兴又不浪费食物？

创意：鼓励儿童的创作天性，开发一款 iPad 软件，用虚拟的通心粉来进行创作。

执行：创意人员开发了一款虚拟的通心粉创作软件 "Dinner，Not Art"（早餐而非艺术），主要在 iPad 等平板电脑平台上推广。它能使用虚拟的通心粉形状来创作各种造型。孩子们可以边吃饭边在平板电脑上玩通心粉。游戏还加入了社交功能，让小孩可以与朋友们分享作品、比赛等。

事实上，这个半开玩笑式的 "Dinner，Not Art"（早餐而非艺术）营销战役还是卡夫的一次慈善之举。每一根数字通心粉在 APP 上被使用创作时，卡夫就会捐赠出 10 根通心粉给 Feeding America（美国关爱贫困人群温饱问题的公益组织）。孩子们也可以将自己创作的通心粉艺术品保存到 APP 的数字 "冰箱" 里，如果孩子的 "艺术品" 被大多数人肯定，卡夫还会将作品放在

第十章 品牌 APP 与移动营销：营销即产品

Facebook 和 Pinterest 的页面上供大家欣赏。

卡夫通心粉包装盒上的通心粉弯曲成一个笑脸，也让它极具品牌的识别性，它推崇的就是快乐营销。在这个案例中，卡夫发现通心粉被孩子当作创作工具的现象，创作让孩子们快乐，也让家长高兴，这是一个很好的洞察。当他们顺理成章地推出这个虚拟的玩通心粉的游戏时，家长们当然会欢迎，因为它既能让孩子们安心玩，又可以不浪费食物。孩子在接触游戏的同时，其实也在接受着品牌的讯息，他们在潜意识当中，把通心粉和卡夫联系在了一起。品牌如果能真正洞察消费者背后的创造需求，就可以节省许多营销预算。

图 10-3a "eyes on the road"（看路）APP 的主视觉画面

图 10-3b 使用软件时车内的效果图

图 10-3c 该软件在各类网站上引爆话题

**案例："eyes on the road"（看路）APP（如图 10-3）**

广告主：三星（Samsung）

代理方：Cheil（新加坡）

问题：现在的人们在开车时玩手机很危险，作为一个著名手机品牌，如何为用户提供更具人性化的服务？

创意：开发一款行车安全应用程序，可以自动答复"我在开车"等，以确保行车安全。

执行：三星公司开发了一款"eyes on the road"（看路）的 APP，运用感应技术，即行车安全辅助技术，用户一旦开启行车安全模式，那么用户手机所接收到的短信、邮件、社交网络信息提醒功能统统都会被屏蔽掉，并且会自动回复给相关人。比如："我现在正在开车，不方便回复你，等我停下来后回复您"。程序也加入了社交功能，让用户把自己安全驾驶的里程公布到自己的社交网站上。同时为了鼓励用户使用该程序，它还配置 GPS 数据定位功能，根据用户开车的里程数来奖励。它们与壳牌合作，只要是在规定时间内，每月都启用行车安全模式，并完成 200 公里的前 135 位用户，都将获得壳牌提供的加油抵用券。

效果：收获了大约价值 16 万美元的媒体曝光率

三星作为手机厂商，利用其便利条件，顺水推舟推出这个手机应用程序。品牌的初衷是为了宣传安全行车的理念，倒也不失为一种贴心的服务。公益型的产品通常会得到人们的积极扩散。

图 10-4a "Get Le Girl"（把妹）APP 界面

图 10-4b "Get Le Girl"（把妹）APP 界面

**案例："Get Le Girl"（把妹）APP（如图 10-4）**

广告主：凌仕

挑战：那些出门在外的年轻小伙子如果想要和异国的女生搭讪，但是不会当地的语言，怎么办？

创意：设计一款 APP，能够用不同的语言教会用户基本的搭讪用语。

执行：凌仕推出了一个手机翻译软件，只需要输入用户所在地，选择搭讪的场所，并选择安全级别（婉转的搭讪还是直达主题的搭讪），那么翻译软件就会为用户推送一句搭讪的语言，它能用当地语言为用户朗读出来，并用母语显示其意思，临时教会用户说外语。

113

凌仕真是处处为年轻小伙子着想。不过这款 APP 充其量只不过是一款游戏，在现实生活中的可行性不强。广告主的目的是希望借助此类具有话题性的 APP 来博得人们的关注。

我们的生活中存在着各种各样的时间点，如果品牌能仔细研究消费者，了解到他们在某些时间点的某些特殊需求，从而提供个性化的服务，那么消费者就会欣然接受。下载和使用品牌 APP 是营销的第一步，接着就需要品牌方耐心地提供长久的服务留住消费者。

## 2. 创造产品使用契机

人的需求是隐藏的，需要被营销创造出来。品牌如何利用移动 APP，触发消费者使用产品的契机？这正是发挥创意的地方。当消费者习惯使用这些功能，从中得到利益，那么自然对品牌心生好感，从此百依百顺。

图 10-5 "Drive Awake"（行车提醒）APP 界面截图

案例："Drive Awake"（行车提醒）APP（如图 10-5）

广告主：Café Amazon 泰国咖啡连锁店

挑战：开车时间久了容易犯困，容易引发交通事故。如何提醒人们，开车犯困时最好的办法就是停一会儿，喝杯咖啡提神。关键是如何引导人们开车犯困时就想到喝我们的咖啡。

创意：运用眼球追踪技术，用手机判断驾驶员是否犯困，然后提醒他休息。

执行：他们开发了一款"Drive Awake"（行车提醒）手机应用软件。该软件利用眼球追踪技术，只要用户在开车的时候开启这款应用并放置在驾驶位前，手机就能实时监测驾驶员眼球状态。如果检测到用户的眼睛长时间闭起状态，而不是正常的眨眼，那么手机就会立刻发出刺耳的响声，来提醒用户赶紧停车休息。当然应用中还内置了咖啡馆的位置定位功能，如果开车困了，就看看附近有没有 Café Amazon 咖啡店，去喝杯咖啡。

创意将行车安全和咖啡联系起来，利用技术创造了消费契机。这款应用软件不仅仅是广告促销功能，应用本身也有很强的实用性。它让我们能够想象到未来的行车安全系统。眼球追踪技术现在不成熟，但未来一定会普及。到时候每辆车前都会有这样的系统，监测驾驶员状态，保证其行车安全。这款应用也可以发展成为行车安全的移动互联网产品。

图 10-6a 阳光预报 APP 界面截图

图 10-6b 年轻人在使用软件签到和分享

案例："阳光预报"APP（如图 10-6）

广告主：雷朋眼镜（RayBan）（世界著名的太阳眼镜品牌）

挑战：戴眼镜的人通常都是喜欢户外活动的人，也许是与朋友聚会，或是独自玩耍。雷朋相信，人们要找个有阳光的地方，也许是咖啡馆，也许是公园，只要有太阳，就一定会戴太阳镜。如何帮助人们找到有阳光的地方，让他们使用产品？

创意：开发一款 APP，能告诉人们哪里有太阳可晒

执行：雷朋眼镜开发了这款追踪阳光的移动应用程序，这款软件和当地气象部门和城市建设部门合作，能判断城市里的光照情况，与城市的建筑高度之间的关系，然后通过虚拟演示计算出每一天，城市的某一地点的光照情况，并会推送最佳的晒太阳的地点到用户手中。比如今天是晴天，某咖啡馆在下午 1 点到 4 点是最佳的晒太阳时间，但是到了 5 点以后，咖啡馆会被前方的高楼遮挡掉阳光。但是 5 点以后，城市公园长廊上的咖啡吧依然有阳光，直到 7 点太阳落山。如果你今天准备与朋友聚会，

晒晒太阳聊聊天，那么你就可以计划自己的行程了。软件还结合了地图导航功能，让用户更方便地找到晒太阳的地点，用户也可以分享这些晒太阳的地点给好友，一起来晒太阳。

这个应用目前只支持几个特定的城市。雷朋希望自己成为消费者的朋友，特别是为住在大城市里的型男靓女提供一些社交的机会。

这不是西方人为了晒太阳而兴师动众，这是雷朋作为太阳镜品牌为消费者想到的附加服务。另外，如果这个软件能够持久维持下去，雷朋就能形成一个自己的生态圈。雷朋可以与当地的咖啡馆和各种休闲场所合作，提供互惠互利的服务。这些是未来值得考虑之处。

### 3. 提供产品附加服务

品牌 APP 提供了一个广告主与消费者直接对话的平台。消费者在使用产品的过程中经常会遇到各类问题，而这时如果有品牌官方提供一些附加的免费服务，从专业的角度来指导消费者使用产品，那么消费者就会得到产品的附加价值，觉得买它很值。心理上有一种附加的满足感，对品牌会产生好感和依赖。

图 10-7a "Clorox Mystain"（去污达人）APP 进入界面

图 10-7b 选择污渍的类型

图 10-7c 场景选择模式

**案例："Clorox Mystain"（去污达人）APP（如图 10-7）**

广告主：高乐氏彩漂剂（一个去污品牌，在国外市场上非常受欢迎）CLOROX 2（一种化学活性剂，专用于在彩色衣物上去除污渍）

挑战：产品的独特化学作用，让污渍活化并脱离衣物，通过 CLOROX 2 处理的彩色衣物还能变得色彩更加鲜艳。如何能够向人们提供更多去污方面的建议，巩固 CLOROX2 去污专家的地位？

创意：创造一款 APP，帮助人们在面对各种污渍情境下，都能找到最合理的洗涤办法。

执行：他们发布了一款"Clorox Mystain"（去污达人）的移动应用程序。在软件中，用户可以用两种方式来获取关于污渍的信息。当用户有明确需求的时候，通过"寻找污渍"板块，在首字母分类的目录中，寻找对应的污渍名称，并进入解决方案展示页。或者用户可以通过三个滚动栏来实现。每次点击"去除污渍"按钮或者晃动手机，用户就启动滚动程序，并出现一个由"人物"、"事件"、"衣物"构成的选项，用户在每个选项中输入信息，例如输入"祖母"、"早餐"、"裙子"组合成的情景，就可以得到去污解决方案。比如刚才的情景中，软件会提醒主妇们可能出现可怕的"果汁污渍"袭击，随后它会告诉她们怎样去除。

污渍的所有解决方案，都包括了"在室外"和"在家中"。软件还提供了使用者打分机制，如果你觉得有效，可以为某个解决方案投票，程序带有与 Facebook 的分享按钮。设计者巧妙地取消了不支持者的投票功能和评论窗口，避免负面信息的产生。

此款软件拥有明显的品牌配色，并且界面很直观，让消费者能用最短的时间找到合适的解决办法。

软件的开发是以消费者利益为出发点，满足消费者对"及时去污"的需求，而产品只被视为是满足这一需求的工具。无论是在家还是在外出途中，消费者都能运用此软件很迅速的找到处理

图 10-8a "Life of George"（乔治的生活）玩具套装

图 10-8b "Life of George"（乔治的生活）APP 单人游戏模式

图 10-8c 用手机扫描之后激活下一关

污渍的方法。对于家庭主妇来说，这些问题都是很实际的问题，现在有了这么一位专家免费教你，何乐而不为。即使消费者不在使用此品牌的产品，但如果对此应用产生依赖，产生好感，她在下一次购买的时机，必然会对产品刮目相看。

### 案例："Life of George"（乔治的生活）APP（如图 10-8）

广告主：乐高（LEGO）

挑战：乐高是桌面玩具的代名词，其主要特点就是能充分发挥玩家的想象力，组装出心中的世界。但是，如果没有小伙伴在一起玩，有时候玩乐高有点无趣。在移动互联网和电子游戏的时代，乐高也希望品牌能为玩家提供更多社交化的服务，让玩家获得更多乐趣。

创意：开发一款 APP，将实体玩具与虚拟游戏结合起来。

执行：乐高开发了这个"Life of George"（乔治的生活）手机游戏软件，主要功能是利用图像识别技术，让消费者在现实世界中玩乐高，也在虚拟世界中增添新的模式。主要有三种模式：①单人游戏模式，你可以在APP 中点击任务模块，根据屏幕中显示的图形，在现实中完成拼装，然后打开摄像头，让游戏软件识别拼装是否正确，正确后可进入下一关；②双人游戏模式，你可以在线上邀请你的好友一起来玩，两人可以比拼谁拼的快，然后大战几个回合，一决高下；③创作模式，你可以自由拼出一个造型，用手机扫描后，存储到游戏的网络服务器上，并为自己创作的图形命名。

### 案例："Brain Bricks"（头脑拼装）APP（如图 10-9）

广告主：乐高（LEGO）

挑战：儿童有丰富的想象力，在玩玩具的时候，他们都会把玩具里的道具和人物，编成剧情故事，玩角色扮演。

创意：将实体玩具变成虚拟游戏中的角色

执行：乐高在玩具砖块里面植入芯片，具有蓝牙识别功能，然后他们开发了一款"Brain Bricks"（头脑拼装）的虚拟赛车游戏 APP。第一步，用实体乐高玩具拼装汽车；第二步，用 APP 识别拼接好的实体玩具，就可以激活虚拟游戏中的赛车；第三步，用户可以选择激活的汽车，并为你配备其他虚拟装备；最后，用户就可以使用亲手拼装的玩具汽车，在平板电脑的虚拟游戏中进行比赛。

图 10-9a 具有蓝牙识别功能的玩具砖块

图 10-9b 用平板电脑扫描刚才拼装好的实体玩具车

图 10-9c 在电子游戏中使用虚拟赛车玩游戏

现实世界中组装的玩具借助移动技术，能够转换到虚拟游戏世界中。这样的尝试很有意义，这会消除桌面玩具与电子游戏之间的隔阂，让虚拟和现实相互切换，增强游戏的体验。

电子游戏缺乏现实体验，而桌面游戏缺乏伙伴的推动力，缺乏社交功能。两者通过移动设备，有机地结合在一起，让独自玩游戏的人不再孤单，也让桌上游戏和电子游戏有了一个很好的结合点，为游戏和玩具品牌们找到了一条出路。不管在线上还是线下玩游戏，如果能逗乐玩家，品牌就可能有未来。

## 三、做一款具有竞争力的 APP

品牌原创 APP 已成为大势所趋，但是凡事都要适度。太多品牌 APP 也会造成信息冗余。人们不可能在自己的移动终端里下载太多品牌 APP。人们最初的好奇心也会因为同质化严重而减少。如何让用户对 APP 感兴趣，下载并长期使用，就成了创意人员需要花费心思的地方。

### 1. 从消费者需求着手

每个品牌、产品或服务都在满足消费者的某类需求，这是品牌最根本的存在理由。所以不管技术如何变化，创意人员必须首先明确：我的产品（服务）是满足了消费者哪方面的需求？而如果开发一款 APP，它是否能增强消费者满足需求之后的满意度？是否对于产品（服务）本身是一种有利的补充，还是仅仅流于形式，成为鸡肋？广告主要多问问消费者，了解他们的真实需求。

### 2. 从产品到整套解决方案

在过去，当消费者购买产品之后，品牌与消费者的服务关系可能就结束了。比如我们在超市买完一包洗衣粉，不会再要求洗衣粉品牌提供任何洗衣服方面的服务。但是品牌 APP 的出现，让品牌自有渠道为消费者提供各种服务。服务的渠道越便捷，消费者购买得就更多。

未来的消费者，在选择品牌的时候，考虑的因素会更多。他们希望买这个品牌的洗衣粉，不仅是觉得它好用，而是觉得它能帮助他们解决各类清洗衣物的疑难问题，让她们不必在这些琐事上浪费太多时间，让她们可以空出时间来做别的事。

**未来的品牌，是能为消费者提供一整套解决方案**，解决生活中遇到的各种问题的品牌。不仅把一个产品卖给你，而要手把手教你怎么用，怎么用得好，甚至品牌来帮你使用，你只要"坐享其成"就好。

### 3. 从短期营销到长期服务

创作一个品牌原创 APP，不是一个短期的广告战役，而是一个长期的管理项目。它需要广告主、创意人员、技术人员、服务人员相互配合得以实施。它涉及 CRM（Customer Relationship Management 客户关系管理）、IMC 整合营销传播（integrated marketing communication）、品牌管理等方面的策略性问题，它不仅仅是广告那么简单。

所以在创意前，我们就要考虑把短期 APP 发展成长期 APP 的问题。有时候，一个短期的 APP 因为提供了某种服务，让用户觉得很有价值，吸引到巨大的用

图 10-10a 二维码视频邮票

户下载量,并培养了用户的使用习惯,那么品牌不妨将其改造成长期的服务类 APP。

品牌原创 APP 是一项长期工程,将会上升到企业经营战略的层面。

好的品牌 APP,本身将会成为一款具有竞争力的产品,成为品牌又一项无形资产。

案例:"Video Stamp(二维码邮票)" APP(如图 10-10)

广告主:澳大利亚邮局公司

挑战:曾几何时,一张小小的邮票就是一个具有内涵的故事。如何吸引年轻人使用邮票,使用邮局邮寄信件?

创意:将邮票和二维码结合起来

执行:澳大利亚邮局公司的创意人员发现了二维码与邮票的相似之处。二维码邮票完全可以承载更多信息。于是他们推出了一种二维码邮票的服务项目。服务内容就是提供一个二维码邮票的创作平台。他们把邮票印成各种不同的二维码,并建立了专门的网站,推出了专用的手机应用程序。如果用户购买了二维码的邮票,就可以使用手机应用程序向这张二维码录制信息,可以是用户的一段祝福的语音,或是表演视频,这些都会同步到邮局的官方网站上。当收到信件的人使用手机扫描二维码邮票,就可以看到相应的视频或声音。许多人将自己的祝福录制进二维码邮票,用信寄给亲人,以传统而现代的方式问候对方。

图 10-10b 手机中看到寄信方录制的视频

同样都是小块纸,邮票与二维码在冥冥之中有着某种联系,这个结合点被澳大利亚邮局的创意人员巧妙地运用了。这套二维码邮票的服务系统完全可以发展成广告主长期的服务,也可以成为邮局新的业务增长点。

## 四、品牌 APP 与整合营销

品牌 APP 通常需要"额外的营销"才能进入用户的视线。如果前期推广顺利,APP 本身创意十足,那么自然就能拥有很高的下载量和使用量。只有到达这一步,品牌 APP 才有可能在消费者的手机上"扎根下来",然后再以 APP 为整合营销的中心点,配合传统媒体、社交媒体、公关活动等,对受众展开全方位的传播行为。

话题营销的方法也可以用于推广 APP。当具有争议的 APP"引爆"话题,APP 本身此刻变得也许并不重要,品牌只要借机获得曝光即是成功。所以说,品牌 APP 既是产品,又是营销工具。

### 1. APP 成为整合营销的中心点

案例:"蓝色驱动" APP(如图 10-11)

广告主:大众汽车

代理商:Tribal DDB(互动广告公司)北京分公司和特德营销咨询公司

挑战:早在 2010 年,大众汽车就发布了"Think Blue 蓝·创未来"的全球性战略。"蓝·创未来"这一理念涵盖三个方面:在产品上,大众汽车致力于为人们提供更加高效、清洁的环保技术解决方案;在人机交互方面,大众汽车将协助人们改善自己的驾驶习惯,从而促成人们主观上的节能降耗意识;企业自身也将更多地投身于各种环保项目中，鼓励人们的环保意识和行为，共同创建一个可持续的未来。这项战略发布后迅速为人熟知，企业责任也被大众汽车写进自己的核心价值观里。

2012 年，大众汽车希望应用移动互联网和手机来与消费者沟通，开启"蓝色驱动"交互式广告"战役"。如何为消费者带来新的体验？

创意：开发一款手机应用程序，它是中国首个车载移动应用，它可以实时记录、分析用户的驾驶习惯，为用户提供节能建议。

图 10-11a "蓝·创未来"造冰救北极熊的网页广告

执行：这款应用名为"蓝色驱动"，与此次广告战役同名。安装应用程序到手机之后，程序会根据 GPS 系统定位到车主的位置，画面中会出现一只蓝色的小北极熊，伴随车主的驾驶而左摇右晃。当完成驾驶后点击"停止"，本次驾驶的时间、距离、速度、加速、减速等数据都会被记录下来，应用程序会根据车主的表现进行打分，并对数据进行分析，给出相应的建议，更会为用户量身定制"节油小贴士"。

图 10-11b "蓝色驱动"APP 画面截图　图 10-11c "蓝色驱动"APP 节油小贴士　图 10-11d "蓝色驱动"APP 操控指南

大众还发起了"21 天蓝色驱动大挑战"，鼓励用户累积使用 21 天，在这 21 天里养成正确的驾驶习惯，把减排理念深入到生活中的点滴。坚持到底的用户可以赢取蓝色大礼包，包含北极熊毛绒玩具、iPhone 手机壳、创意车贴、参观北京车展等礼品。

整个传播活动，大众汽车通过官方主页、大众汽车在开心网和人人网等社交网络主页上进行推广。网页中不仅能同步用户的驾驶行为记录，还提供了一个"造冰救北极熊"的小游戏。用户可以与其他用户竞赛，赢得奖品。

效果：活动收获了十万次 PV（Page View，即页面浏览量，通常是衡量一个网络新闻频道或网站甚至一条网络新闻的主要指标），逾 110 多万人下载了"蓝色驱动"应用程序，是平均水平的 8 倍。开心网大众粉丝达到约 250 万人。使用该应用的行驶里程数超过 180 万公里，相当于绕地球 45 圈。用户节油量约为 5%，相当于可以再行驶 10 万公里。社交网络上共评论、分享 22 万次。

这是汽车品牌通过一个移动 APP 进行品牌营销的案例，越来越多的人因为这一活动对大众汽车有了全新的认识。在环保的品牌理念上，大众品牌也得到了更多人的关注和支持。

广告主不仅叫卖产品，而是帮助车主改善驾驶习惯，减少碳排放。这是大众中国品牌传播得更高的诉求。通过设计互动性强、好玩又有趣的 APP 帮助车主改善驾驶习惯节约油耗，大众的探索还是让人眼前一亮。随后有大量汽车品牌都开发了自己的 APP，但呈现同质化的趋势。

## 2. APP 成为话题营销的引爆点

开发一款具有特殊功能的 APP，引发用户的好奇心。将使用情况拍成病毒视频散播到网上，以此形成话题营销。此类 APP 的炒作价值大于现实价值。

**案例："SOS condoms"送套服务 APP（如图 10-12）**

广告主：杜蕾斯

挑战：当你在和情人亲热的时候，突然发现没有安全套是一件扫兴的事。杜蕾斯如何利用这个需求，为人们提供更周到的服务？

创意：开发一款"SOS condoms"的手机应用程序和服务系统。

图10-12 "SOS condoms" APP主页和定位页

执行：它的原理很简单。用户只需要先下载这个程序，打开后确定自己所在位置，杜蕾斯的售货系统就会帮用户找到最近的一家门店，并让工作人员第一时间送到用户手中。通常这个过程只有十几分钟。

不过，杜蕾斯只在迪拜提供此服务。非迪拜用户可以到SOS Condoms的官网为所在的城市投票，杜蕾斯会逐渐从票数最高的地区开始扩大服务范围。目前最新版本已经更新，增加了对套套尺寸的选择等功能。

这款APP的想象力很丰富，但它的目的不是为了真的提供服务，而是为了引爆话题。这类创意APP的炒作功能大于其实际功能。

### 案例："Friend Express"快递好友服务APP（如图10-13）

广告主：DHL（新加坡）

挑战：年轻人经常约会迟到怎么办？

创意：提供"人肉快递"服务，帮你把朋友"即时快递"给你、接送到你面前，让约会的人不再迟到。

图10-13a Friend Express

图10-13b DHL人肉快递病毒视频

执行：DHL推出了一个名为"Friend Express"的广告战役。他们首先在社交网站、户外媒体上推出了广告海报，并在Facebook官方页面上发布了活动专栏。同时他们也专门开发了一款移动APP。用户可以用手机选择"要快递的好友"，选择"取件"和"收件"地址和日期时间，那么工作人员就会到用户提供的地址接你的好友，并在规定时间内将他（她）送到用户面前。在等待过程中，用户可以用手机看到好友现在所在的位置，了解最新情况。最后，当DHL工作人员将你的好友送到你面前时，你还需要用iPad"签收"好友。在整个"取件收件"过程中，工作人员会拍摄视频，作为附加礼物赠送给用户。参与的用户也会不由自主地将视频发到社交网站上。官方还制作了许多视频发布到网上，引起网友转发，将传播效果做到最大化。

在不考虑安全的理想状态下，DHL的这个创意还是非常前卫。当然，这只是DHL的一次病毒（话题）营销。这个颇具喜感的案例能抓住年轻群体的眼球。整个广告战役运用了不同的媒介组合，以APP为导火线，引爆话题。

## 五、总结：品牌 APP，从营销工具到新产品新服务

移动 APP 已成为现代人使用手机功能时绕不开的入口，许多公司都在争夺这个入口。品牌 APP 是品牌与消费者直接沟通的新工具。品牌 APP 从功能来分有资讯类、服务类、娱乐类、活动类、商务类，但未来呈现整合的趋势，从时效来分有短期和长期，未来趋于长期型 APP。

如何做好基于品牌 APP 的移动营销？我们还需要回到消费者的日常生活中，观察他们的生活起居，占据一些关键点，让用户依赖 APP。我们也可以为产品制造使用契机，创造需求。品牌 APP 要为消费者提供产品附加服务，化身为产品的售后服务，或是为产品带来更多附加价值。

要做好品牌 APP，我们需要了解消费者的真实需求，为消费者提供一整套完整的解决方案，为他们解决生活中遇到的各种实际问题，并保持长期的服务关系，做一款具有竞争力的 APP。

品牌 APP 通常需要"额外的营销"才能进入用户的视线。如果前期推广顺利，APP 本身创意十足，那么自然就能拥有很高的下载量和使用量。话题营销的方法也可用于推广 APP。当具有争议的 APP 引爆话题，APP 本身的功能也许并不重要，品牌只要借机获得曝光即是成功。到达这一步，品牌 APP 有可能在消费者的手机上"扎根下来"，然后再以 APP 为整合营销的中心点，配合传统媒体、社交媒体、公关活动等，对消费者展开全方位的传播行为。

总之，品牌 APP 超越了营销本身，必须纳入整合营销传播的范畴品牌 APP 既是产品，又是营销工具。品牌 APP 是企业长期维护的一项品牌资产。

### 创意训练题：

1. 整理至少 20 个品牌原创 APP，分析其优点和缺点，并提出改进方案。
2. 选择生活中一、两个关键的时间点，考虑人们的潜在需求，并开发一款生活服务类 APP。
3. 为至少 10 个品牌设计一款游戏类 APP，并考虑电子商务功能。
4. 为母亲设计一款名为"母亲好帮手"的 APP。
5. 基于某个品牌 APP，设计一个病毒营销方案。

结论

# 移动营销，
# 一种传播技巧与传播智慧

**移动营销的本质是传统营销**。营销对人性的研究、对消费者需求的研究缺一不可。如果新技术、新渠道不是对营销的一种有效补充，仅仅流于形式，那么移动营销只不过是一种"徒有其表"的时髦说法。

　　**移动营销是营销的进化**，是人类商业传播方式的进化。移动营销的概念正在不断延伸。移动智能终端设备上的各种技术模拟了人类的感官，提供信息传输的通道，赋予移动设备更多人性，为移动营销带来新的体验。移动互联网信息传播渠道为移动营销提供了平台，得以进行广告、个人销售、促销、公共关系和直销等，为营销者和消费者之间提供了更多移动化、个性化的沟通平台。

　　**未来所有的营销都是移动营销**。移动互联网改变了人类的生活方式，该趋势不可逆转。营销面对的是永不停歇地移动着的人，所有营销必然通过移动互联网和移动设备得以实现。

　　移动营销要解决的核心问题依然是营销的本质问题："把买卖双方凑到一起达成交换"。用一句话来说："**要在对的时间，对的地点，使用对的媒介，向对的人说出对的话**"。

　　"如何做移动营销？如何做好移动营销？"这不仅停留在传播技巧的层面，更上升到一种**传播智慧**的高度。

# 一、移动营销的四个成功要素

## 1. 对的时间，对的地点

　　美国传播学家施拉姆提出的传播模式，强调传者和受传者的同一性及其处理信息的过程，表明传播是一个双向循环的过程[①]。以电视、广播、报纸、杂志、电脑为媒体的传播模式中，这种双向循环的过程不可能达到随时随地的状态。在移动互联网生态系统中，这种**无时无刻的双向循环过程**成为可能。

　　大数据也许可以帮助我们找到受众，定位服务也许可以帮助我们知道受众的位置，但任何技术都无法了解他们的真实需求。你也许知道受众干了什么，但不知道他们真正在想什么。移动设备让你随时随地到达受众，也意味着随时随地失去受众。设身处地为你的消费者着想，放低姿态只为做他们**随叫随到的仆人**。

## 2. 对的媒介

　　对的媒介，包括对的设备、对的技术、对的渠道、对的载体。多问问这些问题：这个设备人们都使用吗？这个技术对创意的呈现有帮助吗？这个渠道与目标受众是否匹配？这个平台与自己的品牌形象符合吗？这个载体能否承载所有的营销环节？人们对这个设备、这个技术恐惧吗？预算能否支撑这些媒介？

　　**媒介没有好坏之分，只有合适与否之分**。旧的媒介依然有存在价值，新的媒介也不必太过在意。移动营销不需要拘泥于一种媒介，要发挥各种媒介的合力，获得叠加效果。

---

① [美] 威尔伯·施拉姆等著. 传播学概论 .[M]. 何道宽 译 . 北京：中国人民大学出版社，2010.

### 3. 吸引注意

从古时候的叫卖开始，所有营销的第一步就是吸引注意。如果消费者看到广告后连尝试的冲动都没有，那么后面的努力全是白费。吸引消费者注意力，需要创意人员对消费者人性的洞察，了解他们在此时此景中的真实需求。

#### （1）激发本能

感官刺激是一种本能，本能是不假思索的，是人的潜意识。让消费者不假思索，激发他们的本能，让消费者无意识地接收到产品信息。一切声光电的诱惑，现场展示，触觉、嗅觉、味觉的五维空间，线上线下，现实虚拟的无缝切换，为的是激发消费者的感官。

#### （2）制造好奇

新技术拓展了移动设备的感官维度，也改变了人们获取外界信息的方式。新技术制造了一种梦幻感，犹如西游记、阿拉丁神灯、爱丽丝梦游仙境，拓展了人类的想象力。尽情拓展新技术的想象空间，为消费者制造好奇，如果可以，把消费者带到现场，不要仅仅满足于虚拟现实。

#### （3）制造意外

人们对有明显痕迹的广告抵触情绪严重，尤其是移动互联网时代的消费者。好创意就要想办法绕开人们的消极，直接启发潜意识，引发条件反射。好创意让人措手不及，好创意直达人心。一场意外，莞尔一笑。

### 4. 提供利益

营销最重要的是为消费者提供利益，吸引其购买产品。司马迁曰："天下熙熙，皆为利来。天下攘攘，皆为利往！[①]"。营销主和消费者皆为利而来。通过营销，营销主与消费者维持利益关系。没有利益，就没有连接。

#### （1）明确需求

每个品牌、每件产品、每项服务都是满足消费者的某类需求，这是商业存在的理由。请问自己："我的产品、我的服务满足了人们哪方面的需求"？如果营销，不能确切告诉消费者"您的需求，我可以帮您实现"，那么营销就成了鸡肋。

#### （2）明确规则

移动营销必须事先告知消费者游戏规则。解释清楚时间、地点、步骤，怎么赢得奖励？是否得到惩罚？需不需要安装新的APP？需不需要花费额外的流量？含糊其辞，不如直截了当。

#### （3）奖励刺激

人类天生趋利。奖励可与品牌和产品有关，也可以是赤裸裸的金钱关系。如果奖励不仅实在，又有新意，自然不乏参与者。

#### （4）情感关联

奖励除了实物，也可是精神上的满足。如果有一种情感上的共鸣，能让营销者与消费者连接在一起。如果这种共鸣，是与大多数人的切身利益相关。人们便会对此产生特别的关注、特别的好感、特别的支持。

#### （5）立竿见影

移动互联网时代的消费者，无处不在，难以驾驭。移动营销，发生在特定时

---

[①] 司马迁，史记 [M]，北京：中华书局．2009．

间和特定空间，连接只在一瞬间。消费者已解放了双脚，就不会停下脚步听你唠叨。移动营销，必须立竿见影。

## 二、做好移动营销的六个原则

### 1. 关联原则

由新技术带来的内容创新要为消费者提供真正的价值，而不只是一个博人眼球的小把戏。如果消费者扫描了二维码、下载了 APP，发现内容很无趣，就会产生一种被欺骗的感觉。如同"狼来了"的寓言，人们会相信你一次两次，但绝对不会再来理你第三次。内容足够吸引人，并能激发消费者的后续行为、购买冲动，这才是真正有效的营销。声音也好、文字也好、影像也好，都要回到内容创作的层面，在此时此刻，讲一个好故事很重要。营销要像涟漪一般，自然展开，不带矫揉造作。

### 2. 互动原则

所谓的互动营销不仅仅是点点按钮、滑滑屏幕、签签到、合合影。互动是为了更好的表达诉求，而不是让表达变得更复杂。互动是让消费者自抖包袱、自己探索、自由发挥。互动是让消费者心甘情愿地参与。

移动营销不是一个成品，而是一个持续发酵的半成品。参与者的反馈是保证其持续发酵的酵母。移动营销不是一个封闭的传统系统，而是一个有机的生长土壤。最深度的参与是创作。让人们自由发表、自娱自乐，潜移默化地接受理念。营销主不用自己创造内容，只需提供一个平台，把创作权交给消费者，充分释放人们潜在的创作欲。

### 3. 娱乐原则

人类天生爱游戏。人类用游戏来消遣时间，释放压力，社会交际。在游戏中人们处于最投入的状态。移动设备就像人们手中的游戏终端，让人们养成随时随地游戏的习惯。

游戏激发人们积极参与，游戏激发人们好胜心，游戏让传播过程变得更快乐。消费者玩得越开心，对品牌的好感度越高。好的移动营销通常以娱乐开始，以销售结束。

品牌和电子游戏之间的深度合作将会是一个趋势。游戏将虚拟世界和现实世界联系起来。人们在娱乐的同时创造注意力，会成为未来的商业新模式。

### 4. 众筹原则

古时候，农民领袖起义，可是既没钱养士兵，又没钱买装备，于是他就会游说三教九流，出钱出力，有福同享有难同当。移动营销中的众筹思维只不过套上了移动互联网的外衣，让这种合作变得更简单、更广泛、更高效。

营销主可以把一件耗时耗力的任务解构成无数个小任务，交给它的粉丝去做。有些看似不可能完成的任务，放到移动互联网平台上，就会变得易如反掌。在参与任务的过程中，无论是品牌、产品、服务还是理念，都可以被反复曝光。

### 5. 公益原则

人际传播的力量在移动互联网时代变得异常强大。符合大多数人利益的事物，人们会口口相传，主动分享。公益项目体现着人类共同的愿景。当公益项目用口口相传的方式扩散开来时，广告主参与公益项目，就会产生既有显性的社会效应，也有潜在的经济效应的效果。

我们不谈营销，只谈公益。如果人们心甘情愿地、带着欢乐地为一个品牌奔走相告，那么品牌就成了宗教。

### 6. 简单原则

消费者都是懒惰的。懒得阅读、懒得扫描、懒得下载、懒得参与。移动营销的信息应该越简单越好。哪怕是多一次步骤，多一个按键，都会流失许多客户。商业已经如此复杂，就让营销变得简单一些。

何为最好的体验？答：最简单的体验。消费者参差不齐，对移动设备的使用、对移动技术的理解都不一样。移动营销比拼的不是手机硬件、网络速度。复杂的步骤吓跑消费者。创意人不得不考虑将复杂的技术用最简单的方式呈现给消费者，让他们简单连接、简单下载、简单参与、简单获利。

## 三、移动营销的两种进化

### 1. 营销即产品

一次成功的营销活动，如果创作者有心经营，也许就能演变为企业在移动互联网时代的一项服务，成为新的品牌资产。为营销专门开发的 APP 成本很大，创意人员不妨在创作时，考虑一下 APP 的衍生价值。

如果 APP 既能配合短期活动，又能长久使用。如果一个营销活动因为让用户觉得很有价值培养出了用户的使用习惯，那么品牌不妨将其打造成一个长期的企业产品。

营销是一项长期的工程，能上升到企业经营战略的层面。好的营销本身将会成为一款具有竞争力的产品，成为品牌又一项无形资产。

### 2. 营销即服务

在过去，当消费者购买产品之后，营销的关系可能就此结束。在移动互联网时代，品牌自建渠道，连接消费者，购买产品只是服务的起跑线，更重要的是赢在持久的服务。

未来的消费者，在选择品牌的时候，考虑的因素会更多。他们希望购买这个品牌的产品或服务，不仅仅是觉得它好用，更希望它能成为他们的伴侣，解决生活中遇到的各种问题，为他们提供一整套解决方案。

对话渠道越便捷，消费者就要得更多。总之，消费者希望你随叫随到。

## 四、移动营销的两种思考视角

### 1. 以人的视角

在移动互联网时代，人类行为方式正在悄然发生改变。手机成为每个人的必需品，随时随地使用手机、从早到晚使用手机、无时无刻离不开手机。人类的生活方式呈现出了以下几个特征，它们也是重新洞察消费者的出发点。

（1）永不停歇的连接（Perpetual Contact）

詹姆斯·卡茨（James E. Katz）[1]是早期研究移动媒体和传播的学者之一。在《永不停歇的连接（Perpetual Contact）[2]》一书中，卡茨把手机看作是人类进行全球传播的技术，卡茨提出了"永不停歇的连接（Perpetual Contact）"这个概念，即人们通过永不停歇的连接来形成社会，而移动媒体使得永不停歇成为可能。"永不停歇的连接"使得传播更有效率，人与人之间的任务协作更直接。有些学者把这种"永恒在线"的生活态度和社交方式看作是个人实现内在价值的表现。

由于"永不停歇的连接"，人们可以随时随地切换当下的状态，从工作到娱乐，从家庭到事业，所有状态都既存在又潜在。家庭空间、工作空间、娱乐空间混于一谈。这种"碎片化"让人类提高了生活效率，同时也让人们心态浮躁，无法沉静下来。

（2）永不停歇的移动

如果说传统手机将人类从电话机旁边解放出来，那么智能手机将人类从电脑旁解放出来。手机满足了人的需要，这个需要不太可能在"下一个拐弯处"变化，也不太可能在近期内发生任何变化。这个需要与人类的历史一样古老——这就是走路、说话的需要，交流和移动的需要；这个需要更使人有别于其他动物。人这个有机体要用声带和舌头发出有符号意义的声音，他要用后肢直立行走，从一个地方走向另一个地方[3]。有句话说："一直在路上"，生动地描绘出人们现在的状态，现在的状态应该再加几个字："一直在路上玩手机"。

由"永不停歇的移动"带来了人类史无前例的人身自由。人类一旦能够摆脱机器的束缚，必然不会拘泥于固定的地点，而追求自由自在的生活状态。传统的社会人口聚集结构也发生巨大的转变。自由移动带来了新的社会问题。

（3）永不停歇的表达

曼纽尔·卡斯特（Manuel Castells）把技术、社会、个人想法、人际传播的所有因素都整合到他的"传播力量（Communication Power）"理论之中[4]。他提出了"大众—自我传播（Mass self-communication）"的概念，将人际传播和大众传播理论都考虑在内：

在过去的人际传播中，传者和受者是传播的两个主体。今后，人际传播的内

---

[1] 詹姆斯·卡茨（James E. Katz）是一位著名传播学者，罗格斯大学传播学教授，移动传播研究中心主任。特别关注互联网，社交媒体，移动媒介。他著作颇丰，文章发表在学术和公共政治类期刊上。

[2] James E. Katz & Mark Aakhus, eds., *Perpetual contact: Mobile communication, private talk, public performance* [M]. Cambridge: Cambridge University Press. 2002.

[3] [美]保罗·莱文森. 手机：挡不住的呼唤 [M]. 何道宽译. 北京：中国人民大学出版社，2004：3-13.

[4] Manuel Castells. (2009). Communication Power [M]. Oxford and New York: Oxford University Press.55.

容将会被扩展到社会上，如同大众传播的概念一样。我们大脑中总会有这样的偏见，人际传播是互动的，大众传播是单向的，即使我们都承认已经有一些新的形式融入了大众传播概念，但是，我们对大众传播总是有一种先入为主的偏见①。

于是，卡斯特提出了"大众—自我传播（Mass self-communication）"的概念：它是大众传播，因为它可以潜在地到达全世界的观众，比如通过YouTube上的视频、博客的RSS订阅，或者是用电子邮件群发。同时，它又是一种自我传播，因为它的内容是人们自我生产的，信息接受者也是潜在的指导者，他们用自我选择的方式来接收着来自全世界互联网上的信息②。

卡斯特觉得在当今世界，大众传播、自我传播和大众—自我传播三种形式同时存在着，并且相互流动。他特别强调"这种现象史无前例，形成了一个社会组织和文化上的变革。所有的传播形式被整合进来，借由人类间的各种互动，重构出了一个复合的、互动的、电子超文本形式、包含文化多样性的多元化的混合物③"。

## 2. 以媒介技术的视角

### （1）媒介是人的延伸

马歇尔·麦克卢汉在其著作《理解媒介》首先创造性地提出了"媒介是人的延伸"④这个观点。在他的理论框架下：洗衣机是双手的延伸，汽车是双脚的延伸，眼镜是眼睛的延伸。人类日常生活中的物品在他眼里都是媒介，也都是延伸人体某个器官的工具。他对媒介的哲性解读是我们思考所有媒介、技术发展的基础。

### （2）人性化趋势（Anthropotropic）理论

保罗·莱文森在麦克卢汉的基础上发展了理论，提出了媒介演化的"人性化趋势"（Anthropotropic）理论⑤。英文"Anthropo"代表人类，"Tropic"代表趋势，他将两个字创造性地合成为一个词，用来阐释这个概念。他指出，媒介给我们提供的实际上是越来越人性化的、自然的和"前技术"的交流方式。根据他提出的媒介演化的三个阶段⑥，前技术指的是第一阶段，而现代的媒介技术已经发展至第三阶段，即越来越回归生物学的感知和认知方式，以手机为代表的移动媒介延伸了人的眼睛、耳朵、记忆和想象。他比麦克卢汉幸运的是活在了手机时代，所以对于媒介人性化的理解自然超越了麦氏。

---

①~③ Manuel Castells. (2009). Communication Power [M]. Oxford and New York: Oxford University Press.55.
④ [加拿大] 麦克卢汉. 理解媒介. [M]. 何道宽译. 北京：商务印书馆，2000.
⑤ Levinson, P. Human Replay: A Theory of the Evolution of Media. Ph. D. dissertation, New York: New York University, 1979.
⑥ 在第一阶段，一切交流都依赖生物学的感知和认知方式，表现为眼睛、耳朵、记忆、想象。在这个阶段，一切交流都只能在感官允许的范围内进行和完成。但是，从肯定这个阶段的方面来说，自然界能够被直接感知到的一切东西，都可以成为我们交流的一部分。然后，为了改善记忆，为了实现我们幻想中耳闻目睹的东西，我们发明了文字之类的传播技术，凭借这些技术，我们可以跨越生物学极限进行交流，跨越时空进行交流。于是，我们就进入了一个新的阶段，即第二阶段。为了取得这个阶段的优势，我们也付出了代价：文字失去语音、形象和三维的真实世界。实际上，为了用文字跨越时空交流，除了思想和抽象描绘之外，写东西的人不得不放弃其余的一切东西。第二阶段的得失逼迫我们寻找更好的媒介，以便我们在超越生物学极限交流的同时又可以不失去自然的世界。电话使我们可以用语音交流而不是用莫尔斯电码交流。收音机给我们提供的是更加逼真的形象。于是我们就进入了第三阶段。到这阶段，技术领域给我们提供的一切都是最好的东西，使我们既可以远程交流、长时间交流，又可以不失去自然的世界。显而易见，手机是这个新型的、尚未发育完全的领域里原型的天使。

手机等移动媒介更接近人的属性，其各种人性化功能也在日常生活中辅助人们完成各种任务，比如摄像功能是人眼的延伸、录音是耳朵和记忆的延伸。而移动智能终端一旦连接入互联网，就有无数双眼睛、无数个大脑在看着世界，记录着世界。

### （3）机器灵魂（Apparatgeist）

卡茨和他的同事在《永不停歇的连接（Perpetual Contact）[1]》一书的最后创造了一个"机器灵魂（Apparatgeist）"的概念[2]，指由机器技术和人类运用机器创造出的一种超越人类和机器的灵魂（精神或智能）。移动媒体技术的发展造就人类与机器之间的特殊关系。

卡茨希望借此概念指出：手机已经拥有了各种用途，并且作为一种新的媒介和传播工具，手机等移动媒体扩大了人类的感知范围。人类在生活依赖手机等移动媒体来做出各种决定，机器灵魂是<u>超越个体智慧的一种集体智慧</u>。移动媒体的创新设计也把社会和心理因素用技术手段结合在一起，生成一种以实践为基础的，人与机器亲密相处的特点[3]。

数字化的技术将会模拟大多数感官体验，当人类身处这种数字化的洪流中，能打动人的内容依然是那些本身存在于人类意识中的底层代码。人类总是喜欢新鲜的、美妙的、快乐的、幸福的事物。越是数字化的信息时代，就越是需要呼唤人文精神。

<u>最好的创意是能将人与技术，科技与人文联系在一起，是能把品牌、产品、服务的相关诉求与新技术关联起来。</u>

## 五、最后来点批判精神

不同于其他营销媒介，移动设备是人们身边最常使用的媒介，而且仅属于个人。移动传播允许企业在任何时间任何地点对消费者进行传播，这是其他媒体从未有过的。移动媒体为营销者和消费者之间架起了直接对话的桥梁。营销者从大众市场营销转变为一对一的营销。

卡茨认为移动媒体具有"聚合（convergence）"和"无缝连接（seamlessness）"的特点[4]。"聚合"和"无缝连接"使得传播活动更有效率，人与人之间的任务协作更直接。但同时，移动媒体模糊了公共领域和私人领域的界限。

### 1. 隐私和安全问题

一方面，个性化的移动营销需要熟知终端消费者，包括"他对什么感兴趣、最近做了什么或是现在在哪里"；但在另一方面，当这些信息被用于移动营销发布

---

[1] James E. Katz & Mark Aakhus, eds., *Perpetual contact: Mobile communication, private talk, public performance* [M]. Cambridge: Cambridge University Press. 2002.
[2] James E. Katz & Mark Aakhus, eds., *Perpetual contact: Mobile communication, private talk, public performance* [M]. Cambridge: Cambridge University Press. 2002: 301-318.
[3] James E. Katz, eds., Machines That Become Us: The Social Context of Personal Communication Technology [M]. New Brunswick, NJ: Transaction, 2003.
[4] James E. Katz. eds., Machines That Become Us: The Social Context of Personal Communication Technology. New Brunswick, NJ: Transaction, 2003

的时候，引发的隐私和安全问题就值得深思①。"隐私"和"安全"是移动营销可能面临的最大问题。

由于手机具有的定位功能，将使用者的地理位置公布于众，也就暴露了个体的隐私，大多数研究证明了这一点。研究者警告："对手机用户隐私的侵入和对于安全的担忧已经成为阻碍移动广告获得成功的主要障碍②"。大型的移动通讯公司，数据公司拥有大量的公众数据，如果它们将其换取经济利益，在法律和道德层面就应该备重新探讨。个人数据的泄露也会引发一系列以犯罪为代表的社会问题。

### 2. 公共领域与私人领域的混淆

对"公共领域"的思考需要重新被提及。移动设备让人们可以随时随地切换当下的状态，从工作到娱乐，从家庭到事业，所有状态都既存在又潜在。家庭空间、工作空间、娱乐空间混于一谈。移动媒体和移动传播提供了这种可行性，传统社会结构逐渐被解构。年轻人更愿意与同龄人交流，甚至是与机器交流，胜过与父母交流。

毫无疑问，手机上的语音和文字信息已经改变了我们人际交流的思考方式③，如何组织每一天的生活？传统的社会价值观如何被解构？如何区分公共领域和私人领域？始终秉承法兰克福学派的批判精神，也许对移动营销的理解会更透彻。

## 六、结束语

移动互联网作为人类世界的延伸，拓展了人类与客观世界的边界。移动互联网造就了种种传播模式的重构，移动技术为人们带来便捷，也给人们带来困扰。

技术是冷冰冰的理性思维，使用者却是活生生的人。无论数字化技术能模拟出多少人类的感官体验，但是人终究还是活在现实世界。

有人误以为只要运用新技术，就能做好移动营销。新媒介和新技术不是营销的特效药。没有合适的内容，技术成为营销的累赘。技术是手段而非目的，移动营销不是冷冰冰的数据收集、分析、推送的过程。

技术是没有灵魂的躯体，人文才是技术的灵魂。

如果你在营销中充满着对移动互联网时代的反思，对现代人生存状态的反思，具有浓浓的人文关怀、技术哲思和批判精神，那么移动营销不仅停留在传播技巧的层面，更应该上升到一种传播智慧的高度。

---

① Vatanparast, R.. Factors Affecting Mobile Advertising. In Key Pousttchi & Dietmar G. Wiedemann., eds., *Handbook of research on Mobile Marketing Management*[M]. Hershey PA: IGI Business Science Reference. 2010: 59-76.
② Gohring, N., And now a word from our sponsors…, *America's Network*, 2002, 106(3), 17.
③ Rich Ling, Mobility, Techonology for. In Wolfgang Donsback eds., The International Encyclopedia of communication. Malden, MA: Blackwell Publishing. 2008: 3136-3140.

# 后记 | Postscript

就在本书最终定稿的那几天，苹果公司发布了最新的 Apple Watch 系列产品，这将大大推动可穿戴设备成为移动营销的下一个战场。

技术变化太快，我们永远追赶不来。书中的大多数案例会过时，纸质媒体的及时性和互动性永远赶不上数字媒体。但笔者相信，有一些东西永远不会改变：

"有价值的内容，可持续的创新，赤裸裸的人性。"

这也正是本书着重探索和思考的角度。

移动互联网究竟会发展成什么样？
人类与移动互联网的关系会怎样？
我们如何平衡技术与人性的关系？
我们如何平衡现实世界与虚拟世界的关系？
我们如何平衡人与机器的关系？
所有问题悬而未决，不断变化。

有关移动互联网和移动营销的一切，都仅仅是一个开始。
对于新事物，我们既不能排斥，又不能过于迷恋。
移动互联网是人类的未来，科技、人文、艺术从未如此有机地连接在一起，移动营销是营销的进化，未来的所有营销都是移动营销。
移动营销是一种传播技巧，更是一种传播智慧。
本书愿为你打开眼界，打开心界。
让我们一起去探索、去思考，也许我们可以走得更远。

# 图片来源 | Picture Resource

　　涵盖了书中所有图片的出处，主要说明了其创作者（代理方或制作公司），作品版权所有者（营销主、广告主）和图片来源的网站。读者可以配合"案例索引"部分对照查阅。

## 第一章　二维码与移动营销

　　图1-1：Time（时代周刊），blog.valetinteractive.com
　　图1-2：昵图网,www.nipic.com
　　图1-3：Delphine Hirasuna, www.atissuejournal.com
　　图1-4：Stupid（广告公司）,Apple iTunes App Store
　　图1-5：Louis Vuitton（路易威登）,www.digital-trends.fr
　　图1-6：www.crookedbrains.net
　　图1-7：speckyboy.com
　　图1-8：Leicestershir , www.thisisdairyfarming.com
　　图1-9：M&M's , qrarts.com
　　图1-10：Fruit Ninja, Apple iTunes App Store
　　图1-11：观澜湖集团,missionhillschina.com
　　图1-12：奥迪,www.audi.co.jp
　　图1-13：Simon on the streets, simononthestreets.co.uk/
　　图1-14：blog.mercedes-benz-passion.com
　　图1-15：Cheil（首尔）,www.cheil.com
　　图1-16：mashable.com
　　图1-17：2d-code.co.uk
　　图1-18：DDB Latina, www.ddb.com/pr
　　图1-19：DDB（墨西哥）,www.ddb.com
　　图1-20：Miami Ad School（迈阿密广告学院）, www.miamiadschool.com
　　图1-21：Digitas（巴黎）,www.digitaslbi.com/fr
　　图1-22：McCann Erickson（麦肯光明）,www.mccann.ro
　　图1-23：Home Plus,www.homeplus.co.kr

## 第二章　定位服务与移动营销

　　图2-1：Droga5's,droga5.com
　　图2-2：McCann Erickson（德国）,www.mccann.de
　　图2-3：Jung von Matt（斯德哥尔摩）,www.jungvonmatt.se
　　图2-4：Geometry Global（美国）,www.geometry.com
　　图2-5：OMD（伦敦）,www.omd.com/uk
　　图2-6：Proximity Barcelona,www.proximitybarcelona.es
　　图2-7：Brothers and Sisters（伦敦）,www.brothersandsisters.co.uk
　　图2-8：李奥贝纳（东京）,www.leoburnett.com
　　图2-9：MRM Worldwide, McCann（罗马尼亚）,mrm-mccann.com

## 第三章　近场通信技术与移动营销

　　图3-1：Cubo CC, www.cubo.cc
　　图3-2：Gefen Team, www.gteam.org
　　图3-3：Cheil, www.cheil.com
　　图3-4：迈阿密广告学院 , www.miamiadschool.com
　　图3-5：Y&R, www.yr.com

图 3-6: DDB, www.ddb.com.sg
图 3-7: Cheil, www.cheil.com
图 3-8: Africa, www.africa.com.br
图 3-9: LDV United, Antwerp, www.ldv.be
图 3-10: Forsman & Bodenfors, www.fb.se
图 3-11: FCB, fcb.com

## 第四章　移动信号与移动营销

图 4-1: Cine70 Films, cine70.com, Y&R Lima, yrperu.com
图 4-2: Smart, seeourentry.com/txtbks
图 4-3: 智威汤逊（墨尔本），www.jwt.com/melbourne
图 4-4: TBWA（曼谷），www.dtac.co.th
图 4-5: Cheil（首尔），www.cheil.com
图 4-6: 奥美（巴黎），ogilvyparis.fr
图 4-7: Saatchi & Saatchi（南非）,www.saatchi.co.za
图 4-8: 奥美（巴西）,www.ogilvy.com.br
图 4-9: Cheil（首尔）,www.cheil.com
图 4-10: DDB Mexico, ddbmexico.com, The Maestros, themaestros.tv
图 4-11: GPY&R, www.gpyr.com.au/
图 4-12: DDB Sydney,www.ddb.com.au
图 4-13: Brucciani,brucciani.co.uk

## 第五章　增强现实技术与移动营销

图 5-1: 电通（日本），www.dentsu.co.jp
图 5-2: 电通（日本），www.dentsu.co.jp
图 5-3: R/GA（纽约），www.rga.com
图 5-4: 蒂芙尼 tiffany, www.tiffany.com
图 5-5: Mobile Dreams Factory, mobiledreamsfactory.com
图 5-6: Blink Solution, blinksolution.com
图 5-7: DDB（悉尼），trackmymaccas.com/trackmymac_fb
图 5-8: JWT（纽约），www.band-aid.com/magic-vision
图 5-9: Goodby, Silverstein & Partners, goodbysilverstein.com
图 5-10: Paramount Pictures, www.tf3ar.com
图 5-11: Trigger, www.triggerglobal.com
图 5-12: 奥美（德国），itunes.apple.com

## 第六章　触屏及重力感应技术与移动营销

图 6-1: Garbergs（斯德哥尔摩），garbergs.se
图 6-2: Almap BBDO, www.almapbbdo.com.br
图 6-3: TBWA/G1（巴黎），Dan Paris, www.tbwa-france.com
图 6-4: Almap BBDO, www.almapbbdo.com.br
图 6-5: Y&R, www.yr.com
图 6-6: Plan Net Global, planglobal.net
图 6-7: 麦肯（马来西亚），mccann.com
图 6-8: La Chose（巴黎），bulletproof.amnesty.fr/en.html
图 6-9: Grow, Google's Art, www.thisisgrow.com/work/art-copy-code-burberry-kisses
图 6-10: Ogilvy One（北京），www.ogilvy.com.cn
图 6-11: SMFB（奥斯陆），www.smfb.com
图 6-12: Propeg（巴西），www.propeg.com.br
图 6-13: Rái（圣保罗），www.rai.com.br/site/
图 6-14: Marketel, McCann-Erickson, www.marketel.com/en/home
图 6-15: 联合国儿童基金会（UNICEF），tap.unicefusa.org
图 6-16: 亿动传媒，www.madhouse.cn

## 第七章　拓展机器感官与移动营销

图 7-1：麦肯（香港），mccann.com
图 7-2：VML IM2.0 互动营销（北京），www.vmlim20.com.cn
图 7-3：Cinemark USA, www.cinemark.com/mobile-apps-cinemode
图 7-4：Amy Radcliffe, www.amyradcliffe.co.uk
图 7-5：Chatperf, chatperf.com/sdk.html
图 7-6：Scentee, scentee.com
图 7-7：Deeplocal, www.deeplocal.com
图 7-8：Kraft New Services, www.oscarmayer.com
图 7-9：Sony, www.sony.net
图 7-10：Breezing, breezing.com
图 7-11：Thinklabs, www.thinklabs.com
图 7-12：NarMobile, about.lifesavingcable.com

## 第八章　跨屏互动营销

图 8-1：Tokyo Shimbun, www.tokyo-np.co.jp
图 8-2：重庆时报, www.cqtimes.cn
图 8-3：Sir J.J. Institute of Applied Art, Mumbai, India, jjiaa.org/home.htm
图 8-4：Innocean, www.innocean.com/en
图 8-5：Idevă Batista, idevabatista.com/TNT-PunchFace
图 8-6：AKQA, www.akqa.com
图 8-7：DDB（斯德哥尔摩）, ddb.se
图 8-8：iLogic（南非）, www.ilogic.com
图 8-9：Cheil（德国）, cheil.de/index.html
图 8-10：Mindshare（多伦多）, Y&R（多伦多）, www.yr.ca
图 8-11：Jung von Matt（德国汉堡）, www.jvm.com
图 8-12：电通（日本）, www.dentsu.co.jp

## 第九章　基于移动社交平台的营销

图 9-1：GarnierBBDO, San José（哥斯达黎加）, www.garnierbbdo.com
图 9-2：+Castro/La Escuelita, castroinnovation.com
图 9-3：Energy Source 安瑞索思, www.energysource-cn.com
图 9-4：Nurun（中国）, www.nurun.com
图 9-5：The Vaccines, vaccinesvideo.com
图 9-6：百威啤酒, littlesweetknittings.com
图 9-7：Hipstamatic, dali.hipstamatic.com
图 9-8：Team One, instagram.com/lexusinstafilm

## 第十章　品牌 APP 与移动营销

图 10-1：Berghs School of Communication（瑞典 Berghs 传播学院）, www.berghs.se/en
图 10-2：Crispin Porter + Bogusky, www.cpbgroup.com
图 10-3：Cheil（新加坡）, www.cheil.com
图 10-4：TMW, tmwunlimited.com
图 10-5：Proximity Bangkok（曼谷）/ 1Moby, www.1moby.com/home
图 10-6：Berghs School of Communication（瑞典 Berghs 传播学院）, www.berghs.se/en
图 10-7：The Clorox Company, www.clorox.com/mystainapp
图 10-8：Hello Monday / Eyecue Vision（哥本哈根）, george.lego.com
图 10-9：Wonder Years, wonderyears.nl
图 10-10：澳大利亚邮局公司（Australia Post）, auspost.com.au/parcels-mail/video-stamp.html
图 10-11：大众（Volkswagen）, www.vw.com.cn/zh/VwCulture/think-blue-blue-mobility/BlueMobility.html
图 10-12：Buzzman（迪拜）, www.buzzman.eu
图 10-13：Uni Lee, unilee.co/dhl-friend-express

# 参考文献 | Select Bibliography

## 参考书目

[1] Beigi, Homayoon. *Fundamentals of Speaker Recognition* [M]. New York: Springer, 2011.

[2] C.E.Shannon and W. Weaver. *The Mathematical Theory of Communication.*[M]. Urbana: University of Illinois Press.1949

[3] Castells , Manuel. *Mobile communication and society : a global perspective : a project of the Annenberg Research Network on international communication.*[M]. Cambridge, Mass: MIT Press.2006

[4] Chetan Sharma, Joe Herzog, Victor Melfi, *Mobile Advertising: Supercharge Your Brand in the Exploding Wireless Market.* [M]. Hoboken: John Wiley & Sons,2008

[5] Daniel Rowles, *Mobile Marketing: How Mobile Technology is Revolutionizing Marketing, Communications and Advertising.*[M].London: Kogan Page, 2014

[6] Kotler, P. *Marketing Management* [M]. New Jersey: Prentice-Hall, Inc, 2000.

[7] Manuel Castells. *Communication Power* [M]. Oxford and New York: Oxford University Press.2009

[8] Gerara Goggin and Larissa Hjorth, eds., *Mobile Technologies: From Telecommunications to Media*[C]. New York: Routledge.2009

[9] In Lee, eds., *Mobile Applications and Knowledge Advancements in E-Business.* [C].IGI Global,2013

[10] Jed Alpert, *The Mobile Marketing Revolution: How Your Brand Can Have a One-to-One Conversation with Everyone.*[M].McGraw-Hill, 2012

[11] James E. Katz & Mark Aakhus, eds., *Perpetual contact: Mobile communication, private talk, public performance* [C]. Cambridge: Cambridge University Press. 2002

[12] James E. Katz, eds., *Machines That Become Us: The Social Context of Personal Communication Technology* [C]. New Brunswick, NJ: Transaction, 2003

[13] James E. Katz. *Handbook of mobile communication studies*[M]. MIT Press. 2008

[14] James E. Katz. *Magic in the air : mobile communication and the transformation of social life.*[M]. New Brunswick, NJ: Transaction Publishers.2006

[15] Jeanne Hopkins,Jamie Turner, *Go Mobile: Location-Based Marketing, Apps, Mobile Optimized Ad Campaigns, 2D Codes and Other Mobile Strategies to Grow Your Business.* [M]. Hoboken: John Wiley & Sons, 2012

[16] Ling , Richard Seyler., Campbell , Scott W. *Mobile communication : bringing us together and tearing us apart.*[M]. New Brunswick,NJ: Transaction Publishers.2011

[17] Ling , Richard Seyler. *New tech, new ties : how mobile communication is reshaping social cohesion.*[M]. Cambridge, Mass: MIT Press.2008

[18] Ling, R. *The mobile connection: The cell phone's impact on society.*[M]. San Francisco,

CA: Morgan Kaufmann. 2004

[19] Pousttchi & Dietmar G. Wiedemann., eds., *Handbook of research on Mobile Marketing Management[C]*. Hershey PA: IGI Business Science Reference. 2010

[20] Rodgers, S., & Thorson, E. eds., *Advertising Theory*[C]. New York, NY: Routledge. 2012

[21] Rachel Pasqua,*Mobile Marketing: An Hour a Day.*[M]. Indianapolis: John Wiley & Sons, 2013

[22] Schacter, Daniel. *Psychology.* [M]. New York: Worth Publishers. 2011.

[23] Shelly Rodgers, Esther Thorson, eds, *Advertising Theory (Routledge Communication Series)*.[C].New York: Routledge, 2012.

[24] Tom Eslinger, *Mobile Magic: The Saatchi and Saatchi Guide to Mobile Marketing and Design*.[M].Hoboken: John Wiley & Sons, 2014.

[25] Wolfgang Donsback eds., *The International Encyclopedia of communication[C]*. Malden, MA: Blackwell Publishing. 2008.

[26] [加拿大] 麦克卢汉. 理解媒介 [M]. 何道宽译. 北京：商务印书馆，2000

[27] [美] 威尔伯·施拉姆等，传播学概论 [M]. 何道宽译. 北京：中国人民大学出版社，2010.

[28] [美] 罗杰斯. 传播学史：一种传记式的方法 [M]. 殷晓蓉译. 上海：上海译文出版社，2012.

[29] [英] 丹尼斯·麦奎尔，麦奎尔大众传播理论 [M]. 垂保国 李琨译 北京：清华大学出版社，2010.

[30] [美] 保罗·莱文森. 数字麦克卢汉信息化新纪元指南 [M]. 何道宽译. 北京：社会科学文献出版社，2001.

[31] [美] 保罗·莱文森. 手机：挡不住的呼唤 [M]. 何道宽译. 北京：中国人民大学出版社，2004.

[32] [美] 芒福德. 技术与文明 [M]. 陈允明，王克仁，李华山译. 北京：中国建筑工业出版社，2009.

[33] [美] 尼葛洛庞帝. 数字化生存 [M]. 胡泳，范海燕译. 海南：海南出版社，1997.

[34] [美] 波兹曼. 娱乐至死 [M]. 章艳译. 广西：广西师范大学出版社，2004.

[35] [法] 斯蒂格勒. 技术与时间 1. 爱比米修斯的过失 [M]. 裴程译. 上海：译林出版社，2012.

[36] [法] 斯蒂格勒. 技术与时间 2. 迷失方向 [M]. 赵和平，印螺，译. 上海：译林出版社，2010.

[37] [法] 斯蒂格勒. 技术与时间 3.电影的时间与存在之痛的问题 [M]. 方尔平译. 上海：译林出版社，2012.

[38] [美] 曼纽尔·卡斯特. 网络社会的崛起 [M]. 夏铸九等译. 北京：社会科学文献出版社，2006.

[39] [丹] 延森. 媒介融合：网络传播、大众传播和人际传播的三重维度 [M]. 刘群译. 上海：复旦大学出版社，2012.

[40] [美] 迈克尔·塞勒. 移动浪潮：移动智能如何改变世界 [M]. 邹韬译. 北京：中信出版社，2013.

[41] [美] 克里斯塔基斯，富勒. 大连接：社会网络是如何形成的以及对人类现实行为的影响 [M] 简学译. 北京：中国人民大学出版社，2013.

[42] [美] 托夫勒. 第三次浪潮 [M]. 黄明坚译. 北京：中信出版社，2006.

[43] [美] 凯文·凯利. 失控：全人类的最终命运和结局 [M]. 东西文库译, 北京：新星出版社，2010.

[44] [美] 罗伯特·西奥迪尼. 影响力 [M]. 张力慧译. 北京：中国社会科学出版社，2003.

[45] [法] 拉尼奥. 我知道什么？-- 广告社会学 [M]. 杨立译，上海：商务印书馆，1998.

[46] [美] 迈克尔·舒德森. 广告，艰难的说服 [M]. 陈安全译，2003.

[47] [美]菲利普·科特勒.营销管理[M].王永贵等译.北京：中国人民大学出版社，2012.
[48] [美]拉塞尔·莱恩.克莱普纳广告教程（第 15 版）[M].北京：中国人民大学出版社，2005.
[49] [美]威廉·F·阿伦斯.当代广告学[M].丁俊杰等译.北京：人民邮电出版，2005.
[50] [美]奥格威.一个广告人的自白[M].林桦译.北京：中信出版社，2008.
[51] [美]乔治·路易斯，皮茨.乔治·路易斯大创意[M].何辉译.北京：中国人民大学出版社，2008.
[52] [美]霍普金斯.我的广告生涯 & 科学的广告[M].邱凯生译.北京：中国人民大学出版社，2008.
[53] [美]詹姆斯·韦伯·扬.创意[M].李旭大译.北京：中国海关出版社，2004.
[54] [英]科尔伯恩.简约至上：交互式设计四策略[M].北京：人民邮电出版社，2011.
[55] [英]特瑞·霍尼，西蒙·伍顿.大脑训练法[M].姬蕾译.天津：天津教育出版社，2009.
[56] [日]仁科贞文，田中洋，丸冈吉人.广告心理[M].北京：外语教学与研究出版社，2008.
[57] [美]马丁·林斯特龙.品牌洗脑：世界著名品牌只做不说的营销秘密[M].赵萌萌译.北京：中信出版社，2013.
[58] 查灿长.国外高校广告教育研究[M].上海：上海三联书店，2010.
[59] 金定海，郑欢 编著.广告创意学[M].北京：高等教育出版社，2008.
[60] 张家平.广告心理学[M].上海：上海教育出版社，2007.
[61] 戴元光 金冠军 主编，传播学通论[M].上海：上海交通大学出版社，2007.
[62] 赖声川.赖声川的创意学[M].桂林：广西师范大学出版社，2011.
[63] 乐剑锋.广告文案[M].上海：上海人民美术出版社，2009.
[64] 林之晨.流行销——向可口可乐、星巴克等 20 个一流品牌学 APP 营销[M].北京：电子工业出版社，2013.

## 参考论文：

[1] Bauer, H. H., Reichardt, T., Barnes, S. J., & Neumann, M. M. *Driving Consumer Acceptance of Mobile Marketing: A Theoretical Framework and Empirical Study* [J]. *Journal of Electronic Commerce Research*, 2005, 6(3) : 181-192.

[2] Barwise, P., & Strong, C. Permission-based mobile advertising[J]. *Journal of Interactive Marketing*, 2002, 16(1), 14-24.

[3] Barnes, S. J. *Wireless digital advertising: Nature and implications*[J]. *International Journal of Advertising*, 2002, 21, 399-419.

[4] Bauer, H. H., Barnes, S. J., Reichardt, T., & Neumann, M. M. *Driving consumer acceptance of mobile marketing: A theoretical framework and empirical study*[J], *Journal of Electronic Commerce Research*, 2005, 6(3), 181-192.

[5] CNN, Wireless Society Report. *New switching rules may trash millions of cell phones, cable network news* [EB/OL].2003, [2007-01] http://www.cnn.com/2003/TECH/ptech/10/31/sprj.ws.cellphone.garbage.ap/

[6] Denso-Wave. QR Code features [EB/OL]. [2015-1-20]. http://www.qrcode.com/en/

[7] Drossos, D., & Giaglis, G. *M. Mobile advertising effectiveness: An exploratory study*[C]., International Conference on Mobile Business (ICMB'06), 2006.

[8] Eisenhardt, K. M., *Building Theories from Case Study Research* [J]. *Academy of Management Review*, 1989, 14(4): 532-550.

[9] Eisenhardt, K. M., & Graebner, M. E. *Theory Building from Cases* [J]. *Academy of Management Journal*, 2007, 50(1): 25-32.

[10] Ericsson. Ericsson Mobility Report [R]. 2014,11. [2014-12-10]. http://www.ericsson.com/res/docs/2014/ericsson-mobility-report-november-2014.pdf

[11] eMarketer. *SMS marketing yields strong results*[J]. eMarketer Research Report, UK.2003

[12] Enpocket Research Report 1. *Consumer preferences for SMS marketing in the UK*[R], 2002-8. [2007-07], http://www.enpocket.com/news/press-releases/consumers-find-sms-marketing-as-acceptable-as-tv-or-radio-advertisng.

[13] Ferrazzi, K., Chen. J., & Li, Z. *Idea: Playing games with customers*[J]. Havard Business Review, 2003, 81(4), 21.

[14] Graham, M., Zook, M., and Boulton, A. *Augmented reality in urban places: contested content and the duplicity of code* [J], *Transactions of the Institute of British Geographers*, 2013, 38(3): 464-479

[15] Gohring, N., *And now a word from our sponsors..., America's Network*[J], 2002, 106(3), 17.

[16] Heinonen, K., & Strandvik, T. *Consumer responsiveness to mobile marketing*[J]. *International Journal of Mobile Communications archive*, 2007, 5(6), 603-617.

[17] Haghirian, P., & Madlberger, M. *Consumer attitude toward advertising via mobile devices- an empirical investigation among Austrain users*[C]. *Proceedings of ECIS ( European Conference of Information Systems)*, Regensburg, Germany.2005.

[18] Kavassalis, P., Spyropoulou, N., Drossos, D., Mitrokostas, E., Gikas, G., & Hatzistamatiou, A. *Mobile Permission Marketing: Framing the Market Inquiry* [J]. *International Journal of Electronic Commerce*, 2003, 8(1): 55-79.

[19] Kurkovsky, S. *A comprehensive analysis of permission marketing*[J]. *Journal of Computer Mediated Communication*, 2001, 6(2).

[20] Leppäniemi, M., Karjaluoto, H., & Sinisalo, J. *A Review of Mobile Marketing Research* [J]. *International Journal of Mobile Marketing*, 2006, 1(1): 30-42.

[21] Leppäniemi, M., Karjaluoto, H., & Salo, J. *The success factors of mobile advertising value chain*[J]. *eBusiness Review IV*, 2004, 93-97.

[22] Levinson, P. *Human Replay: A Theory of the Evolution of Media.*[M]. New York: New York University, 1979.

[23] Lee, Y. E., & Benbasat, I. *Interface design for mobile commerce*[J]. *Communications of the ACM*, 46(12), 49-52.2003

[24] Mobile Marketing Association (MMA), *Understanding M-marketing: Technology and Reach* [EB/OL], 2007, 5. [2008-06-15], http://www.mmaglobal.com/glossary.pdf.

[25] Mobile Marketing Association (MMA),*M-marketing Sweepstakes and Promotions Guide* [EB/OL], 2007, 7. [2008-07-15], http://www.mmaglobal.com/mobilepromotions.pdf

[26] Mobile Marketing Association (MMA), *Mobile marketing glossary*[EB/OL],2008, 12. [2008-12-12], http://www.mmaglobal.com/uploads/glossary.pdf

[27] Muk, A. *Consumers' intentions to opt in to SMS advertising: A cross-national study of young Americans and Koreans*[J]. International Journal of Advertising, 2007, 26(2), 177-198.

[28] Okazaki, S. *How do Japanese consumers perceive wireless ads? A multivariate*

*analysis*[J]. International Journal of Advertising, 2004, 23(4), 429-454.
[29] Okazaki, S., Li, H., & Hirose, M. *Consumer privacy concerns and preference for degree of regulatory control: A study of mobile advertising in Japan*[J]. Journal of Advertising, 2009, 38(4), 63-77.
[30] Pousttchi, K., & Wiedemann, D. G. *A contribution to theory building for mobile marketing: Categorizing mobile marketing campaigns through case study research* [C]. 5th International Conference on Mobile Business, Copenhagen, 2006.
[31] Rao, B., & Minakakis, L. *Evolution of mobile location-based services*[J]. Communications of the ACM, 2003, 46(12), 61-65.
[32] Stewart, D.W., & Pavlou, P.A. *From consumer response to active consumer: Measuring the effectiveness of interactive media*[J]. Journal of the Academy of Marketing Science, 2002, 30(4), 376-396.
[33] Sullivan, M. G., & Drennan, J., *Mobile Digital Technology: Emerging Issues for Marketing* [J]. *Journal of Database Marketing*, 2002, 10(1): 9-23
[34] Shu Wang, Jungwon Min and Byung K. Yi. *Location Based Services for Mobiles: Technologies and Standards* [C]. IEEE International Conference on Communication (ICC) 2008, Beijing, China.
[35] Scharl, A., Dickinger, A., & Murphy, J. *Diffusion and success factors of mobile marketing*[J]. Electronic Commerce Research and Applications, 2005, 4(2), 159-173.
[36] Tähtinen, J. Mobile advertising or mobile marketing. A need for a new concept?[J]. *Frontiers of e-business Research*, 2006, 1, 152-164.
[37] *Tsang, M. M., Ho, S., & Liang, T. Consumer attitudes toward mobile advertising: An empirical study*[J]. International Journal of Electronic Commerce, 2004, 8(3), 65-78.
[38] Tamminen, S., Oulasvirta, A., Toiskallio, K., & Kankainen, A. *Understanding mobile contexts*[J]. Personal and Ubiquitous Computing, 2004, 8, 35-143.
[39] Venkatesh, V., Morris, M. G., Davis, G. B., & Davis, F. D. *User acceptance of information technology: Toward a unified view*[J]. MISQ, 2003, 27(3), 425-479.
[40] Vatanparast, R. *Factors Affecting Mobile Advertising*[A]. In Pousttchi, K., & Wiedemann, D. G. A., eds., *Handbook of research on Mobile Marketing Management*. Hershey PA: IGI Business Science Reference. 2010, 4, 59-76.
[41] Walker, Geoff. *A Review of Technologies for Sensing Contact Location On the Surface of A Display* [J]. *Journal of the Society for Information Display*. 2012-08. 20(8): 413 - 440.
[42] Yunos, H. M., Gao, J. Z., & Shim, S. *Wireless advertising's challenges and opportunities*[J]. IEEE Computer, 2003, 36(5), 30-37.

## 参考期刊

[1] International Journal of Mobile Marketing
[2] International Journal of Research in Marketing
[3] International Journal of Market Research
[4] International Marketing Review
[5] Journal of Electronic Commerce Research
[6] Journal of Marketing Communications

[7] Journal of Global Marketing
[8] Journal of International Marketing
[9] Journal of Database Marketing
[10] Journal of Integrated Marketing Communication
[11] Journal of Advertising
[12] Journal of Advertising Research
[13] International Journal of Advertising
[14] Journal of Interactive Advertising
[15] Journal of International Communication
[16] Mobile Media & Communication
[17] 国际新闻界

## 参考网络资源

### 移动营销类

[1] www.mmaglobal.com
[2] www.mobileanhouraday.com
[3] www.fiercemobilecontent.com
[4] www.mobiadnews.com
[5] www.mobilemarketingwatch.com
[6] www.mobithinking.com
[7] www.mobilemarketer.com
[8] www.marketing-interactive.com
[9] www.mobilecommercedaily.com

### 数字营销类

[1] www.creativeguerrillamarketing.com
[2] www.creativemarketing.org
[3] www.digitaltrainingacademy.com
[4] www.digitalbuzzblog.com
[5] www.digitaltrainingacademy.com
[6] www.digitown.cn
[7] www.socialbeta.com
[8] www.iresearch.cn

### 商业与品牌类

[1] www.bloomberg.com
[2] www.digitalbuzzblog.com
[3] www.business2community.com
[4] www.trendhunter.com
[5] www.brandish.tv
[6] www.look.co.uk/
[7] tomorrowawards.com

[8] www.fastcocreate.com
[9] futurevision.rga.com/
[10] www.businessinsider.com
[11] nhzy.co/
[12] www.brandingmagazine.com
[13] www.brandrepublic.com
[14] www.creativereview.co.uk
[15] creativecriminals.com/
[16] www.creativehunt.com
[17] 10and5.com

案例库

[1] www.coloribus.com
[2] www.advertolog.com
[3] www.welovead.com
[4] adsoftheworld.com
[5] www.bestadsontv.com
[6] tvcommercialssongs.com

广告创意类

[1] adage.com
[2] www.adweek.com
[3] adforum.com
[4] creativity-online.com
[5] www.madisonboom.com
[6] www.damndigital.com
[7] www.topys.cn
[8] www.adquan.com
[9] iwebad.com
[10] www.adchina.com
[11] www.aaaa.org
[12] www.campaignasia.com
[13] advertising.arts.com

潮流科技类

[1] www.cnet.com
[2] www.huxiu.com
[3] www.leiphone.com
[4] www.appszoom.com
[5] www.whichapp.ca
[6] www.qrcodehome.net
[7] 2d-code.co.uk
[8] www.qrcode.com/en/

[9] www.simplyzesty.com

[10] china.inmobi.com

[11] www.adchina.com

[12] www.madhouse.cn

[13] www.domob.cn

综合类

[1] itunes.apple.com

[2] play.google.com

[3] www.google.com

[4] www.bing.com

[5] www.baidu.com

[6] www.wikipedia.org

[7] www.douban.com

[8] www.youku.com

[9] www.tudou.com

[10] www.pinterest.com

# 致谢 Thanks

　　本书完成于笔者在上海大学影视学院攻读新闻传播学博士学位期间，在撰写过程中特别得到了导师查灿长教授的支持和学术方面的指点；书中的许多观点受到了笔者在上海师范大学人文与传播学院攻读学士和硕士学位期间的导师金定海教授的深刻影响。同时，笔者也要感谢一直以来帮助过我的导师们，他们是张家平教授、张龙德教授、殷晓蓉教授、杨秋生教授、郑欢教授等。

　　本书还吸收了广告业界前辈们的诸多观点，笔者在创意方面的实战经验都来自于工作过的广告公司。笔者对创意思维和文案的理解受到了陈国辉（Bill Chan）老师的影响，虽然共事不久却很难忘。同时，笔者也要感谢在工作中帮助过我的业界前辈们，他们是莫康孙老师、高俊老师、林奋老师、陈向阳老师等。

　　本书从选题、撰写到出版一直得到了中国建筑工业出版社的支持和帮助，笔者表示诚挚的感谢，同时要特别感谢李成成编辑，是她的敬业精神和辛勤劳动才让此书得以顺利出版。

　　最后，笔者要感谢家人们的默默支持和无私奉献，是他们分担了生活琐事和压力，让笔者能专心做研究。同时也要感谢在我人生各个阶段的同事、同学、朋友和学生们，感谢你们一直以来对我的支持和厚爱。

　　由于笔者水平所限，书中多有不足和错误之处，尤其在引文注释、案例索引和图片来源的整理中难免有疏漏。笔者在此恳望得到相关企业、组织或机构的谅解，也恳请学界和业界的各类专家、老师、读者们批判、指正、谅解。

施州

2015年3月于上海